教育创新文丛

学科核心素养的思考与实践

物理篇

马铁瑛 著

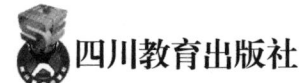 四川教育出版社

> 图书在版编目（CIP）数据
>
> 学科核心素养的思考与实践. 物理篇 / 马铁瑛著
> . 一 成都：四川教育出版社，2024.1
> （教育创新文丛）
> ISBN 978-7-5408-8860-2
>
> Ⅰ.①学… Ⅱ.①马… Ⅲ.①中学物理课 - 教学研究
> - 高中 Ⅳ.①G633
>
> 中国国家版本馆CIP数据核字（2023）第244983号

教育创新文丛 学科核心素养的思考与实践 物理篇
JIAOYU CHUANGXIN WENCONG XUEKE HEXIN SUYANG DE SIKAO YU SHIJIAN WULI PIAN

马铁瑛 著

出 品 人	雷　华
责任编辑	吴贵启
封面设计	冯军辉
责任校对	汤昔微
责任印制	高　怡
出版发行	四川教育出版社
地　　址	四川省成都市锦江区三色路238号新华之星A座
邮政编码	610023
网　　址	www.chuanjiaoshe.com
印　　刷	河北鑫彩博图印刷有限公司
版　　次	2024年1月第1版
印　　次	2024年1月第1次印刷
成品规格	170 mm×240 mm
印　　张	18
字　　数	400千字
书　　号	ISBN 978-7-5408-8860-2
定　　价	68.00元

如发现质量问题，请与本社联系。总编室电话：（028）86365120
北京分社营销电话：（010）67692165　北京分社编辑中心电话：（010）67692156

序　言

教师的逸韵如水，赋学生以灵性。经受光阴的洗礼，教师一直舞动在时代的前沿。溪流汇入大海，成就汪洋。小梦融入大梦，便成了中国梦。任时光荏苒，静待花开，初心不改，走向中国教育未来。

三十三年前，从一个校园步入另一个校园，开启了我人生新的征程。太阳总是在有梦的地方升起，梦想可以让我们的生命旅程绚烂多姿，梦想可以让我们拥有透明的心灵和清澈的眼睛。只要心中有梦，脚步就会执着坚定。正是这个教育梦，支撑着我，鼓励着我，鞭策着我。始终如一，我把青春献给学校这片热土；砥砺前行，我把汗水挥洒在教育这块园地。三十余载光阴悠然而逝，雪泥鸿爪，雁过无痕，数不尽多少披星戴月的日子，算不清多少衣不解带的夜晚，从一个物理教师，成长为一名中学物理学科带头人、牡丹江市专家型教师。当时光亲吻我的脸庞，我可以骄傲地说，每一道皱纹，都是我的勋章。岁月如刀，将我雕刻，而我也挺直胸膛，任其打磨，历经平行班班主任、自选班班主任、理科实验班班主任、学年副主任、学年党支部书记，一步一个脚印，我不断求索。除了是牡丹江市物理学科教学带头人、牡丹江市专家型教师外，我还被聘为牡丹江师范学院专业硕士研究生指导教师、牡丹江师范学院物理与电子工程学院学科教学硕士研究生毕业论文答辩委员会主席、国家"一师一优课、一课一名师"专家评委、物理奥林匹克竞赛优秀指导教师、英特尔未来教育培训项目主讲教师、牡丹江市教育教学研究院行知团队名师引领活动主讲教师、牡丹江市普通高中协同发展共同体命题培训主讲教师；并获牡丹江市优秀教师、牡丹江市教育局优秀共产党员、牡丹江市教育局优秀班主任、"德能双优"好老师等荣誉，并连续12次获得事业单位年度考核记功奖励，这更警醒我不可放松。未来不是一个我们要去的地方，而是一个我们要创造的地方；通向它的道路不是人们找到的，而是人们走出来的；走出这条路的过程既改变着走出路的人，又改变着目的地的本身。我始终坚信：梦想成就未来，有梦的地方就有远方。

　　王国维在《人间词话》中写道："有境界，品自高。"他道出了诗词歌赋的意蕴在于境界和底蕴，同时他又指出了做学问的三种境界："昨夜西风凋碧树，独上高楼，望尽天涯路，此第一境也"；"衣带渐宽终不悔，为伊消得人憔悴，此第二境也"；"众里寻他千百度，蓦然回首，那人却在灯火阑珊处，此第三境也"。在王国维看来，做学问成大事业者，首先要有执着的追求，登高望远，瞰察路径，明确目标与方向，了解事物的概貌；其次，成大学问者，不是轻而易举，随便可得，必须坚定不移，经过一番辛勤劳动，废寝忘食，孜孜以求，直至人瘦带宽也不悔；再次，要达到第三种境界，即最终最高境界，必须有专注的精神，反复追寻研究，下足功夫，自然会豁然贯通，有所发现，有所发明，就能够从必然王国进入自由王国。这三重境界，又何尝不是一个教育工作者一生的写照呢？一位优秀的教师具体执教哪门学科已不再重要，重要的是通过学科，温润生命，提升境界，最高境界的教育就是融入良心和责任的教育。

古人云："一年之计，莫如树谷；十年之计，莫如树林；终身之计，莫如树人。"当家长把孩子交到我手上时，我接过的是一家人乃至几代人的期望和一个孩子对未来生活的美好憧憬，面对这种期盼，怎敢有丝毫懈怠。每个学生都是一个新的世界，每一天，我总是会提醒自己："今天，我用真诚为学生喝彩了吗？"学校是生命相遇、心灵相约的殿堂，是尽显人文情怀的地方，是通过师生问答有序、寻求真理、分享知识、分享创造、分享成功的地方。每个学生都是独立的个体，都是有价值的人，教育工作者的职责就是确保每一个孩子都能够在其固有的基础上获得充分的发展，使他们成为既具有公民的一般素养，又具有鲜明独立个性和才能的人，成为对社会有用的人。

在一年年的教育实践中，我越来越认可一种理念："人人有才，人无全才，扬长避短，成人成才"，针对参差不齐的学生要"允许落后，鼓励冒尖"；"教育是一种带着蜗牛散步，慢的艺术。"。教育有时需要等待，等待就是在呼唤对"灵魂塑造"的那份从容、执着，不慌不忙，坦然自若。百年树人，我们经常要等待一个学生的成长：学生智慧的觉醒，力量的增强，人生信念与价值观的确定，需要有针对性的、长期的帮助，包括温情的理解、真挚的同情、诚意的鼓励，以及恰切的提醒。品茶，我们习惯耐心地等待茶叶慢慢被泡出味道的过程，静心地发现每一种茶叶沁人心脾的香气。而学生也像茶叶一样，有所同，有所不同。真心、耐心和静心，把品茶的心态带进课堂、带进校园生活和教育工作，用欣赏的眼光去审视发掘他们的闪光点，用自己的爱心去关爱和呵护他们的心灵，用自己的耐心和赞赏帮助他们走进知识的殿堂，品出他们的"味道"。教育是一方期望的田野，最忌讳根浮叶衰，揠苗助长。只要耕耘不辍，加以丝丝甘霖，就会有春之繁华，秋之收获。

对学生，我们可以静待花开，而对自己，却须臾不可停留。当代，知识以前所未有的速度增长，知识推陈出新的周期不断缩短。新课改要求教师是学生学习的引领者、促进者、帮助者和支持者，教师要为学生描画路线图，而路是要学生自己走。教育不是注满一桶水，而是点燃一把火，"问渠那得清如许，为有源头活水来"，教师应该是"一条奔腾不息的河流"！教师要学为人先，与时俱进，生命不息，学习不止。教师必须以更快的速度、更高的效率、更宽的视野学习新知识、掌握新理论、做出新选择、研究新情况、适应新环境，才能跟上教育发展的步伐。"展翅天际，要么飞，要么坠落"。既为人师，就必须淡泊名利，潜心学问，学习教育理论，探索教学方法，反思教学过程，丰富知识经验，博采众长，厚积薄发。陶行知先生说："要想学生学得好，必须先生好学。只有学而不厌的先生，才能教出学而不厌的学生。"

教育不是牺牲，而是享受；教育不是重复，而是创造；教育不仅是谋生的手段，更是丰富多彩的生活本身！对于一个优秀的教师而言，应以立德树人为己任，要做时代的引领者，要有理想信念，要有道德情操，要有扎实学识，要有仁爱之心，要有责任担当，要善良、质朴。即便两袖清风，仍旧坚持三尺讲台一生奉献。教师不仅要传授给学生知识，培养学生能力，更要引领学生的精神世界，让学生树立正确的世界观、价值观、人生观。为培养人文底蕴和科学精神相结合、学会学习和健康生活、有责任担当和实践创新能力的中学生提供支持，促进学生全面而有个性的发展。如一位耕耘着的农民，行走于田间的沟沟壑壑，看着幼苗茁壮成长，心地自然是一份喜悦，从事这份育人的事业已经几十载，看着一届又一届的学生告别，奔向更高的阶梯，心底涌起的是一种感动，一种满足。

让每一只小鸟都歌唱，让每一朵鲜花都开放。在素质教育的原野上，要用全面发展的理念演绎着"希望教育"、"个性教育"、"成功教育"。我相信，每一朵鲜花都能自由开放，每一个果实都能散发芬芳。

这里和大家分享自己教育教学的点滴收获，既是一个教育追梦人的低语倾诉，也是与同行者真诚交流，更是我对教育事业的一份坚守。

本人在教育教学过程中一直得到学校领导和全体教师的大力支持，一并表示感谢！

目 录

创新研究篇

教学体验

教育需要一种情怀　　　　　　　　　　　　　3

我与"学情分析"访谈式体验　　　　　　　　8

教学风格的形成之浅见　　　　　　　　　　13

课题研讨与评价改革

"核心素养视域下提高高中物理学科教学与学习效果的
　　心理分析研究"初探　　　　　　　　　　19

教育叙事：学生是评价改革的最直接受益者
　　——未成年人思想道德教育点滴实录　　32

交流竞赛篇

学术交流

德育教育如何渗透于物理教学的课题引入之中　　43

再谈德育教育如何渗透于物理教学的课题引入之中　　48

浅谈高中物理知识体系中的形式美　　　　　56

一道典型物理问题的多解与点评　　　　　　65

项目竞赛

教育部"基础教育精品课"实录　　　　　　81

趣味性、艺术性、数理结合的高效

物理课堂践行实录

　　——基于STEAM教育理念的多领域融合的物理教学

　　　　　　　　　　　　　　　　　　　　91

实践体验篇
教学设计
研读《普通高中物理课程标准》之后的一次教学设计　　127
教学研讨
"深度学习背景下'以问题为中心的高效课堂'校本教学理念"
　　践行实录　　141

典例分享篇
典例解析
"一核四层四翼"是指导命题的规范性文件　　151
直线运动与匀变速直线运动知识概要　　154
巧解"竖直上抛运动"　　160
"静力学与动力学"典例解读　　162
典型实验问题解读　　176
万有引力定律与匀变速直线运动结合　　191
微元法在动能定理和动量定理的体现　　193
斜上抛运动及类斜上抛运动模型的灵活运动　　197
近代物理之"光电效应"及"核反应"信息点集萃　　202
光经矩形截面玻璃砖折射后的侧移量　　211
"电磁感应与数理结合"小专题分享　　214

试题集萃
"命制试题"即对话　　221
"静电场"强化训练　　222
"恒定电流"强化训练　　228
"磁场对运动电荷的作用"专项训练　　239
"电磁感应规律及应用"专项训练　　245
高三总复习阶段测试模拟试题（一）　　260
高三总复习阶段测试模拟试题（二）　　263

创新研究篇

　　创新是进步的灵魂,研究是创新的基石。坚持开展实质性的教育教学研讨与反思,不仅可以促进教师的专业成长,还能不失时机地培养学生的创造性思维。

教学体验

我在自己的职业生涯中,即使时感孤单,仍不断积极进取,以我微薄的能力和心力追寻和探索着教育的道德、道德的教育,努力携手同仁们和学生们共同有道德地成长。

◎教育需要一种情怀

生命的航船将我送到了教育这条航道上,我就背负了教育的使命。

我们相信,每一朵鲜花都能自由开放,每一个果实都能散发芬芳。

◎我与"学情分析"访谈式体验

"一切为了学生""为了一切学生""为了学生的一切"和"一生一策"的校本教育教学理念客观反映了教育教学过程中分析"学情"的必要性。

◎教学风格的形成之浅见

风格之于教学,犹如光彩之于金玉。教学风格,是教学艺术精湛的教师在教学中表现出来的与其他教师所不同的比较稳定的特征,是独特的教学思想、教学技巧、教学语言、教学风度等的综合表现。

教育需要一种情怀

我常常想，生命的航船将我送到了教育这条航道上，我就背负了教育的使命。

教育的使命是什么？我常常扪心自问，是育人、教书？是传道、授业、解惑？是塑造人的灵魂？是发展人的品质？进而发展历史、发展文化、发展民族、发展祖国事业？

我以为前三者家长、友人也能做到的，而发展人的品质，进而发展祖国事业，这就需要我们具有法规性的教育课程意识和系统性的课程体系意识。因而，教育就不只是一种行为和手段，更不是目的，她需要我们有一种敬畏的情怀、敬业的情怀，乃至在我们心中成为一种信仰。她需要我们去用心实践、反思、批判和提升；去探询、研究、执着和奉献；去热忱、仁爱、恭敬和坚持。

回顾我走过的教育之路和我经过的自我批判的心路历程，我深刻感受到对人的敬仰和对生命的膜拜的意义。教育不就是人对人、生命对生命的交往、交融吗？有了这样的理解，我对教育教学工作中的一切困难和挫折都释然了、坦然了。

中学的德育工作难，无论是教育者还是被教育者都会体会到它的难度。尤其是作为教育者的主要角色——班主任，深感其难。我们不妨看看敢于背水一战的蚂蚁……

◆ 障碍

蚂蚁的脚步总是那么执着而又匆忙，可只要用樟脑球在它前进的道路上轻轻地画一道线，它就会惊慌失措地立即掉头而去；赶到它前面再设置一道同样的樟脑球防线，它还是马上望风而逃，翻来覆去都是如此。等它跑累了，再画一个圈将它圈在里面，蚂蚁在里面转来转去没有头绪，将包围圈缩小，它在其中左冲右突几下子后发现无路可走，不得不奋起突围。

游戏的最后总是索然无味，因为我知道那所谓的樟脑球防线其实没有丝毫防卫能力。毫无疑问，樟脑球本身不能对蚂蚁造成实质性的伤害和阻挡，它本就可以唱着歌儿大摇大摆地走过去，但它却被那种气味吓住了。只有等到无路可走的时候，它迫不得已才会挺身一试，结果发现那所谓的障碍不过是一层一捅就破的薄薄的窗户纸而已。

现在想来，人生又何尝不是如此？许多障碍刚开始在我们眼里都是那么沉重而无奈，而等我们鼓足勇气克服掉以后才发现它不过是蚂蚁面前的那道樟脑球防线而已。蚂蚁尚且敢于背水一战，可又有多少人在障碍面前一直止步不前啊！

◆ 德育，真的很难！

说德育难，是因为德育在当今高奏着的新课程的乐章和仍未消停的学科知识应试的锣鼓声中，依然是支"困难重重，矛盾多多"的不够和谐的交响乐。

尽管德育课程流淌着生活的甘泉；尽管品德课堂追求着生活的诗意；尽管品德教育彰显着生活的哲理；尽管品德老师们在喜爱着品德教学……然而，德育"说起来重要，做起来次要，忙起来不要"的现象却惯性重现。我在这惯性的旋涡中执着着我对德育的理解和追求，用心走进、用心思考、用心实践，时不时产生自责、内疚、忧伤、欣喜、反省等，教育的责任感始终伴随着我走过每天的努力。对于这种努力，我无怨无悔。努力的过程，我只问耕耘、未求收获，但收获却悠然而至；努力的过程，我懂得了"德育的享用功能"，虽然它"有一种往往容易被忽略的价值"，但却发展与完善人的道德品质，满足人的精神需求。我也正是在这实践的过程中丰富、完善并发展着自己。

德育是难，因为我们执着在"教书"而忽略"育人"；因为我们重视"活动展示"而忽视"过程实践"；因为我们视她为"工作任务"而无视它为"职业使命"。

德育是难，因为她说起来容易，做起来艰难，内化成自身的品性更难。因此，我在自己的职业生涯中，即使时感孤单，仍不断积极进取，以我微薄的能力和心力追寻和探索着教育的道德、道德的教育，努力携手同仁们和学生们共同有道德地成长。

◆ **每一个果实都能散发芬芳——德育教育案例分析**

在学校教育中，有的班主任担心"问题"生在课堂上影响他人、影响教学，于是采取了一些措施。就拿安排座位这件事来说，有些班主任采用了下面的某一做法：（1）设"隔离带"，其典型的做法就是前后左右都是女生，中间安排一名"问题生"，让他处于"包围圈"中；

（2）有的老师喜欢为纪律差的学生设"专座"，有的老师

还把"专座"设在眼皮底下，这样便于控制；有的老师把"专座"设在犄角旮旯，以减少影响；

（3）有的老师喜欢采用"游击式"的方法安排座位，对那些纪律问题严重的学生，班主任今天当众命令他"坐这"，明天又命令他"坐那"，意在寻找一个有利于克服他毛病的环境。可班主任没有想到，他和他的问题会像火种一样，坐到哪，哪的学生也会出现类似的问题。最后老师也不得不承认"哑巴挨着他，也会开口说话"。

请问：这些做法能够真正解决问题吗？为什么？

作为一名教师，我当然不会赞同以上做法，更不会在教育教学工作中实施这些所谓的工作"技巧"。

班主任要牢记"人人皆可成才，生生都有作为"的全面的人才观念。

1. 对学生要公正，一视同仁，平等对待。绝不能因学生的家庭出身、父母职业、品学优劣、爱好特长、性格刚柔、曾获奖惩、是否听话，乃至年龄性别或相貌身体、衣着服饰等的不同而偏爱或歧视某些学生，更不能因为某些学生对班主任态度不端、言谈不逊、举止欠佳而记恨在心、耿耿于怀、处处刁难。

2. 要使全班所有学生都能在原有基础上得到发展提高。绝不能把时间、精力只用在成绩优秀的学生身上，还要兼顾到中等生，特别后进生，尤其是"问题生"。全班学生都应该是班主任工作的对象，对全班学生都应关心爱护、相信尊重、教育帮助、培养提高。"不放弃任何一个学生"，应成为每一位班主任的座右铭，应成为检验班主任工作实绩的一条重要标准。班主任要端正教育指导思想，增强与学生的情感交流，要善于观察学生的变化，针对各种不同类型学生的情况做深入细致的思想工作。

3. 抓好每一个学生的全面发展。全面发展不能以分数高低为依据，也不等于平均发展，主要是指生理和心理都能健康发展。

让每一只小鸟都歌唱，让每一朵鲜花都开放。在素质教育的原野上，班主任用全面发展的理念演绎着"希望教育""个性教育""成功教育"。我们相信，每一朵鲜花都能自由开放，每一个果实都能散发芬芳。

我与"学情分析"访谈式体验

1. 在教学设计中,会涉及"学情分析",您是怎么理解学情分析这个概念的?

我是这样理解的,教学设计、教学活动应该是围绕学生展开的。任课班级的学生学习习惯是否养成、学习兴趣是否浓厚、学习方法是否成熟、学习能力是否突出、班级和学生个体的学习基础如何,甚至是学生的心理健康程度和家长对学生的影响……结合我的教育教学经历,以上都是"学情分析"应该关注的问题吧。

2. 您在教学设计时分析"学情"的初衷是什么?

早在 2005 年的教师培训学习中,我校就提出了"一切为了学生""为了一切学生""为了学生的一切"和"一生一策"的校本教育教学理念,这种理念恰恰反映了教育教学时分析"学情"的必要性。

尽管我校是省示范高中,学生基础较好、起点较高、理解能力比较强,但仍有一部分学生未能顺利地完成初高中过渡,加之部分学生对高中物理有先入为主的畏难心理,这也导致教学过程中势必出现不可回避的种种问题。据此,面对现实,有针对性地做好"学情分析",才能有的放矢地高效实施课堂教学,才有条件保证每一朵鲜花都能自由开放,每一个果实都能散发芬芳。

这也是我在教学设计时,尤其是面对刚刚接触高中物理的学生群体时分析"学情"的初衷。

3. 您能否从实践角度去谈一下"学情分析"的过程?

我的两个任课班级,由于"班级性格"使然,一个气氛活跃、善于表达、乐于接受"新鲜的"物理信息,另一个较为沉闷、循规蹈矩、情愿面对"常规的"思维引导。

我经过一段时间的观察,结合自己的教学经验,即便是上同一课程、教授同一组知识,也努力根据两个班级的不同"学情",因势利导,支持学生的思维活动,让大多数学生体验成功的喜悦。

例如,在"位移与时间的关系 $x = v_0 t + \frac{1}{2} a t^2$"的教学活动中,我为两个班级预设了如下思维引导,鼓励学生积极研讨,并由学生选出代表在下周一的新课学习中板演。

(1) 由做匀速直线运动的 v—t 图像可以看出,在时间 t 内的位移 x 对应着色部分的矩形"面积"。进而引导学生,做匀变速直线运动的物体在时间 t 内的位移与时间会有怎样的关系呢?

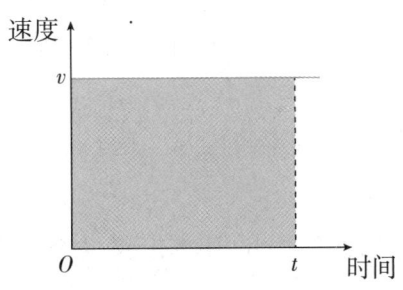

（2）基于等差数列"$a=-1$、$b=0$、$c=1$、$d=2$、$e=3$"，介绍通常意义的"平均值"和"算术平均值"。

① "平均值"算法：$\overline{A}=\dfrac{a+b+c+d+e}{5}=\dfrac{-1+0+1+2+3}{5}=1$

② "算术平均值"算法：$\overline{B}=\dfrac{1}{2}(a+e)=\dfrac{1}{2}\times(-1+3)=1$

结果，"循规蹈矩"班级（1）和"气氛活跃"班级（2）分别给出了如下的推证方式。

（1）做匀变速直线运动的物体，其位移（大小）可以用 $v—t$ 图像中着色部分的直角梯形的"面积"来表示。

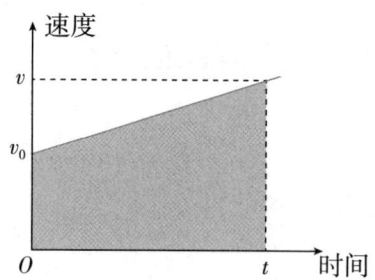

由① $x=\dfrac{1}{2}(v_0+v)t$ 及② $v=v_0+at$ 可得 $x=v_0t+\dfrac{1}{2}at^2$，这就是匀变速直线运动位移与时间的关系式。

（2）数字在满足"均匀"变化的条件下，有 $\overline{A}=\overline{B}$。

Ⅰ. 既然匀变速直线运动的速度随时间"均匀"变化，该过程物体的"平均速度"也一定等于"初速度"和"末速度"的"算术平均值"，即 $\overline{v}=\dfrac{1}{2}(v_0+v)$。

Ⅱ. 结合"平均速度"的基本定义 "$\overline{v}=\dfrac{x}{t}$"，可由① $x=\overline{v}t=$

$\frac{1}{2}(v_0+v) t$ 及 ② $v=v_0+at$，得到 $x=v_0t+\frac{1}{2}at^2$，这就是匀变速直线运动位移与时间的关系式。

两个班级获得的预设信息是一致的，但推证方式不同。经过了解，"循规蹈矩"班级的大部分学生都认真预习并自学了教材的相关内容，而"气氛活跃"班级在课代表的组织下专门对比了"等差数列"和"匀变速直线运动"的"共性"。

尽管以上两种推证方式，一个"传统"，另一个"开放"，但都体现了学生们自觉学习和主动参与的良好品质。我既肯定了"循规蹈矩"班级扎实的基本功和良好的素养，又赞赏了"气氛活跃"班级打破常规、敢于突破的创新思维。

我的真诚表扬和认真点评，让两个不同"性格"班级的学生们都感受到了成功的喜悦。

4. 您认为实际教学设计时应该从哪些方面分析"学情"有助于您的教学效果？

结合自己的教学实践，我认为可从以下几方面分析"学情"：

（1）了解并分析"班级性格"，获取该班级学生群体对高中物理的体验经历，包括过往成绩；

（2）了解并认识比较突出的学生个体，如尖子生和学困生。因材施教，一生一策。避免"规定的动作完不成"、"自选的动作没有高度和深度"这种情况发生。

（3）了解现阶段学生学习高中物理需要掌握哪些方面的知

识、技能、方法，具备哪些方面的能力和生活常识。例如"数理结合"的能力是否成熟，"物理阅读"的习惯是否养成……这样，可根据实际情况帮助学生查缺补漏，适当调节教学进度、课程难度，并采用有针对性的教学设计。

（4）了解学生学习高中物理可能会遇到的困难和障碍，学生是否具备一定的抗挫败的能力以及面对挫折自我修复的能力，以便于成为学生学习高中物理的组织者、引导者、帮助者和支持者。

5. 您觉得哪些策略或机制能促进教师进行学情分析？

首先，我们一线教师的共识是可以借助智慧校园平台，围绕高中物理核心素养构建"深度学习背景下'以问题为中心的高效物理课堂'的教学理念"，结合新课改、新考改形势下进一步加强物理学科专业、教育心理学、教育管理学以及"重大主题教育、增强课程教材育人功能"等多方面的学习，以期促进教育教学观念以及教学方法的转变。

其次，进一步充分利用互联网资源、信息技术手段、新课改示范课、名师观摩课、继续教育培训等，多维度多渠道地提升自己的业务素养和职业道德修养。

再次，学校和教育行政部门鼓励和支持一线教师积极参与教育科研，寻求解决教育教学实际问题的理论模型和实践模式，自然会促进教育教学观念、教学方法和教学效果的转变与提高。

当然，作为教师要坚持扮演学生学习的组织者、引导者、帮助者和支持者，最关键的是实践、实践、再实践！

教学风格的形成之浅见

教学风格，是教学艺术精湛的教师在教学中表现出来的与其他教师所不同的比较稳定的特征，是独特的教学思想、教学技巧、教学语言、教学风度等的综合表现。如果说教学风格的形成是教学风格本质的特征（独特性）和教学风格构成因素的核心内容（教学个性）的统一。那么，教学风格的形成一般要经历模仿、探索、创造和独特风格几个阶段。

一、模仿阶段

学习模仿优秀教师的教学风格是教师尽快形成自己独特教学风格的必由之路，特别是对于那些刚刚走上教学岗位的年轻教师来说，由于缺乏教学实践与经验，模仿较多，创造较少，对课堂教学的规律性、学生的学习特点还处于了解阶段和认识阶段，更需要虚心学习模仿。要学习优秀教师亲切民主的教学态度、端庄典雅的教学气质、科学严谨的教学方法、优美流畅的教学语言、机敏精湛的教学智慧、形成灵活的教学形式和自然大方的体态语言。

二、探索阶段

学习模仿是形成教学风格的需要，但是要真正形成独特的

教学风格，教师必须在学习众多优秀教师独特教学风格的基础上，根据自己的教学风格形成的需求做出准确的定位。这就需要教师认真客观地加以分析、思考、提炼，正确地选择适合自己发展的教学风格模式，正确地为自己教学风格的形成做出定位，这是形成教师教学风格的关键。

三、独特教学风格阶段

在这一阶段，教师的教学艺术风格在教学过程的各个环节都具有独特而稳定的表现，呈现出浓厚的个性色彩，散发出诱人的魅力。在教与学的规律指导下，教师能和谐恰当地把课堂教学艺术风格融入教学实践之中，教学效果与质量不断提高。这一阶段的教学特征主要表现为：

1. 教学的独特性和教学个性在教学过程的各个环节、各个方面都具有科学而稳定的表现，教学活动中处处闪烁着创造性的火花和浓厚的个性色彩。

2. 整个课堂教学体现出科学性与艺术性完美地结合在一起，教学成为真正的研究教学艺术的科学。教师的教和学生的学共处于一种美的艺术陶醉与享受之中。

四、创新阶段

教学风格的形成过程就是教师不断提高自己教学技能技巧的发展创新过程，只有不断学习、思考、发展、创新，教师的教学风格才可能形成。当然，教学风格一旦形成，它也有进一步发展创新的需求，因为任何一种模式都不是僵死不变的，它必须在实践中随教师思想品质、道德水平、文化修养、教学艺术、生理心理素质的成熟而不断发展创新。在教学风格的发展创新方面，很多优秀教师为我们做出了榜样，这些榜样告诉我们，只有在不断发展创新中，教师的教学风格才能达到更高的艺术境界。

一般来说，教师的教学从"无风格"到形成"有风格"总是遵循由低级到高级的顺序发展。在这种顺序的发展过程中，教学的模仿性越来越少，而独特性和教学个性成分越来越多。教学的独特性和教学个性发展到一定程度，呈科学的、稳定的状态时，也就表明了教学风格的形成。

风格之于教学，犹如光彩之于金玉。形成教学风格的途径虽有多种，但每位教师对待教学和学生的不同态度是形成独特教学风格的心理基础，是起着决定性作用的因素。

爱因斯坦说："热爱是最好的老师。"我国众多特级教师的成功教学风格，来自于他们对教育事业的执着的爱，来自于他们对学生的圣洁的爱，是他们"一片爱心"的结晶。敬名师练内功，理所当然地成为青年教师迅速成长的有效途径之一。

我们的时代是需要名师的时代。有了名师，绿叶红花且枝繁叶茂，方显教育的勃勃生机；有了名师，众星拱月又繁星满天，方有教育的星光灿烂。一位名师不仅可以培养出一批又一批的好学生，还可以带出一批又一批的好老师，影响一方教育。

牡丹江的教育蓬勃向上，牡丹江的名师层出不穷。他们的教学风格，影响深远、声名远播、备受青睐。名师以学习为乐，以工作为先，以科研为重，实现了自身的创造价值和人生价值，

成为广大教师的楷模。

——名师具有高尚的人格魅力。古人云:"太上有立德,其次有立功,其次有立言。"乌申斯基也曾说过:"在教育工作中一切都以教师的人格为依据。"一个教师德之昭昭,其业也昭昭。我们曾读过鲁迅怀念恩师藤野先生、魏巍怀念老师蔡芝芸的文章,还有毛泽东写给徐特立老先生的信。时隔数年,这些老师如何仍能留给学生如此深刻的印象?一个重要的原因就是,这些人是名师,这些名师高尚的人格在永远感召着后人。

——名师具有深厚的文化底蕴。他们勤于学习、博采众长、挑战自我、自省自勉。在课堂上,他们举重若轻、游刃有余,学生如沐春风,怡然自得。教学中所表现出来的文化品位,源于名师自身的文化功底。有此功底,运用教学方法随心所欲,教学智慧随处可见,所谓"得心"方能"应手"也。

——名师具有个性化的教学风格。教学风格是课堂教学方式、手段等诸多因素的综合反映,是教师教学魅力的折射。名师在教学中开创了一种崭新的教学风格,视野开阔,个性鲜明。同时,从他们的全部教学实践和言论中,可以感受到他们高尚的教学品质和独特的教学风格。

——名师具有与时俱进的创新精神。名师的创新精神首先体现在观念上,变"少数学生撑门面"为面向全体、全面发展的学生观,变"教师权威"为民主平等的师生观,变"单项培养目标"为学生素质全面提高的人生观、质量关;其次体现在课堂教学中,对知识传播活动不是学科知识的简单复制过程,而是对学科教材的一种再开发、再创造的活动过程。

"见贤思齐"、"学而时习之",这是两千多年前教育先贤孔夫子的谆谆教诲,也是今天我们学习名师应有的态度。名师能往,我亦能往;名师能成,我亦能成。我们应该有这样的信心和决心。这里要指出的是,学习名师一定要走出认识上的误区,不只学科,不只手段,不只教学领域,整个教育亦然。唯如此,才能学得精髓,习得实质。

　　没有梦的人生是乏味的,没有创新的生活是平庸的。阳光明媚,春意正浓,让我们携起手来,与名师同行。学名师树师德,敬名师练内功,师名师求共进,研名师见行动,把敬业的精神上升到乐业的境界,共同奔赴牡丹江教育的美好明天!

课题研讨与评价改革

核心素养视域下,积极开展"提高高中物理学科教学与学习效果的心理分析"课题研究,是落实"物理学科核心素养与课程目标"的有力保障;是开展新的教学方法、践行新的教学策略,提高"基于证据"的高效课堂的有效性的正确引领。

我们走进新时代,我们走向素质教育,评价既为困惑,亦可解惑;在评价中发展,在评价中增值,在评价中改善教育的服务功能,必将成为今后素质教育和创新教育发展的一条闪光的红线。

◎"核心素养视域下提高高中物理学科教学与学习效果的心理分析研究"初探

◎教育叙事:学生是评价改革的最直接受益者——未成年人思想道德教育点滴实录

"核心素养视域下提高高中物理学科教学与学习效果的心理分析研究"初探

作为新课标、新课改、新考改、新教育形势下的物理教师，在教学过程中以物理学科核心素养为指导准则，应坚持"坚持以创新为目标，坚持实施新课程标准，以学生整体发展为基础，以学生个体成材为重点，以学生主体参与为关键，以开放式教育教学活动为重要途径"的教学理念，坚持扮演学生学习的"组织者、引导者、帮助者、支持者"，为培养德、智、体、美等全面发展和个性健康发展，高素质、高层次的新型人才去做勇敢的尝试和探索。

核心素养视域下，积极开展"提高高中物理学科教学与学习效果的心理分析"课题研究，是落实"物理学科核心素养与课程目标"的有力保障；是开展新的教学方法、践行新的教学策略，提高"基于证据"的高效课堂的有效性的正确引领。

作为省教育科学"十四五"规划教研专项课题"核心素养视域下提高高中物理学科教学与学习效果的心理分析研究"的课题主持人，笔者主要从以下几方面阐述该课题研究的重要性和一般思路。

一、高中物理课程的地位、性质、新要求及新理念概述

1. 高中物理课程的教育功能与地位

物理学是一门基础自然科学，高中物理是普通高中科学学习领域的一门基础课程。它研究的是物质的基本结构、最普遍的相互作用、最一般的运动规律以及所使用的实验手段和思维方法。在人类文明和社会进步的长河中，科学和技术发挥了积极而巨大的作用，物理学是科学和技术发展的主要支柱。可以说，经典物理学奠定了两次工业革命的基础；另外，近代物理学在航空航天技术、核技术、激光技术、新能源技术、纳米技术以及超导研究等方面有了突破性进展，这些进展像信息技术一样都对社会产生了深刻影响，同时也对基础物理教育提出了新的要求。

物理教育是科学教育的重要组成部分。国际科学教育的发展大体可分为三个阶段：从远古到夸美纽斯、卢梭所处时代为第一阶段，重在自然事实的教育；从工业革命到20世纪中后叶为第二阶段，重在学科知识的教育；从20世纪80年代开始，进入到第三阶段，即从"掌握科学"到"理解科学"的教育阶段，其基本特征是以教会学生理解科学、善待科学、保持人与自然的和谐共处为主要目的。"理解科学"代表了物理课程教育新的理念与目标，它不仅指理解科学知识和科学方法，而且指理解科学的本质与社会效应。从学生发展看，物理课程教育目的应强调对学生科学素养的培养，促进学生有意识地学习科学、理解科学。

根据有关调研报告可知，多数中学生希望自己的科学素养能得到培养，能为终身学习打下基础，能发展自己的批判性、创造性思维能力以及科学探索精神，具有信息的收集、传递和处理能力、有效地表达和交流的能力以及应变能力等。学生们希望通过高中物理课程的学习，学到必备的物理基础知识，掌握公民必备的通用技能，学习并认识物理学的基本思想、观点和方法，关注并科学地判断科学技术和社会发展中的问题。因此，高中物理课程的设置应顺应时代的潮流，注重人的发展，满足社会、学科及个人的发展需求。

2. 高中物理课程的性质

高中物理课程标准在课程的性质中明确指出："高中物理是普通高中自然科学领域的一门基础课程，与九年义务教育物理或科学课程相衔接，旨在落实'立德树人'根本任务，进一步提升学生的物理核心素养。为学生的终身发展奠定基础，为人类科学事业的传承与社会的发展做贡献。高中物理课程在义务教育的基础上，帮助学生从物理学的视角认识自然，理解自然，建构关于自然界的物理图景；引导学生经历科学探究过程，学会科学研究方法，养成科学思维习惯，增强创新意识和实践能力；引领学生认识科学的本质以及科学技术社会环境（STSE）的关系，形成科学态度、科学世界观和价值观，为做有责任感的未来社会公民奠定基础。"

依据国际科学教育与科学素养界定和我国的实际情况，提出科学素养应该包含以下四个方面：

（1）科学探究（过程、方法与能力）；

（2）科学知识与技能；

（3）科学态度、情感与价值观；

（4）对科学、技术与社会关系的理解。了解科学、了解科

学中的过程是掌握这类高级技能的一种根本性的途径。

《普通高中物理课程标准（2017年版）》中对学科核心素养的界定为："学科核心素养是学科育人价值的集中体现，是学生通过学科学习而逐步形成的正确价值观念、必备品格和关键能力。"物理学科核心素养主要包括"物理观念"、"科学思维"、"科学探究"、"科学态度与责任"四个方面。

3. 高中物理课程的新理念

（1）体现物理学科本质，培养现代公民必备的核心素养

①改变"精英式"教育观念，教学要面对全体学生。物理课程要为每一个学生提供公平的学习机会，要考虑到学生的个体差异，使每一个学生的潜能都得到充分的发展。

②改变单纯学科知识教育，是对"三维"目标的传承与超越。核心素养视角下，提炼出的课程目标要求：亲近自然，进行有预测的观察、实验等，培养学生解决问题的能力和热爱自然的情感，同时试图理解自然的事物、现象，养成科学的看法和想法。

（2）体现课程的基础性和选择性，满足学生终身发展的需求

①普通高中教育仍属于基础教育，应注重全体学生的共同基础，同时应针对学生的兴趣、发展潜能和今后职业的需要，设计供学生选择的物理课程模块，以满足学生的不同学习需要，促进学生自主地、富有个性地学习。

②每个物理教育工作者都应该建立这样的教育信念，要坚持"人人有才，人无全才，扬长避短，成人成才"，针对参差不齐的学生要"允许落后，鼓励冒尖"。

（3）体现课程的时代性，关注科技进步和社会发展需求

高中物理课程在内容上应精选学生终身学习必备的基础知识与技能，加强与学生生活、现代社会及科技发展的联系，反映当代科学技术发展的重要成果和新的科学思想，关注物理学的技术应用所带来的社会问题，培养学生的社会参与意识和对社会负责任的态度。

（4）重视学生自主学习，提倡教学方式多样化

①物理课程改革学习方式，应以科学探究为主体，倡导建构学习。

②科学探究的实际意义就是认识自然的重要途径，也是认识自然的重要方法。

（5）注重过程评价，促进学生核心素养的发展

改变课程评价过分强调甄别与选拔的功能，发挥评价促进学生发展、教师提高和改进教学实践的功能；评价不仅要关注学生的学业成绩，而且要发现和发展学生多方面的潜能，了解学生发展中的需求，帮助学生认识自我、建立信心，发挥评价的教育功能，促进学生在原有水平上的发展。

①摈弃"甄别选拔"评价，强调"发展学习"评价。

②不唯终结性评价，重视学习过程评价。

③不搞单一性评价，开展多元化评价。

④不唯成绩评价，注重情感态度与价值观的评价。

⑤教师不做评价中的裁判员，提倡评价的多主体性。

4. 高中物理课程在课程性质、课程目标、课程内容以及课程设置与安排上都提出了更新的要求。通过核心素养视角下的

新课程标准与传统的"教学大纲"和"三维"目标的对比，不难发现：

（1）充分体现了新课程标准的高瞻远瞩，更符合新时代对教育的要求。

（2）让教学大纲无法比拟的是，新课程目标与我们以往关注的知识、技能和态度等有着非常重要的联系，但又不完全相同，是对"三维"目标的传承与超越。在物理学科核心素养的四个方面中，物理观念、科学思维和科学态度在同一层面，而科学探究则不同，它是学生要学习和掌握的一种探究能力，包括提出问题、问题解决、实验能力、论证能力和交流合作等，同时也是学习科学知识、发展科学思维、形成科学态度的手段和途径。

（3）不是让学生"要学到物理知识的结论"，而是让他们更注重"积极参与、乐于探究、勇于探索、勤于思考"。

（4）为培养学生的独立思考能力、合作交流能力、解决实际问题的能力、终身学习能力以及人生规划能力奠定坚实的基础。

二、高中物理课程教学心理学概述

物理教学心理学，是心理学与物理教学论相结合的产物，是研究物理教学过程中学生和教师的心理活动及其规律的科学，属教育心理科学范畴，是物理教学科学领域中的一门应用学科。

物理教学心理学的内容，涉及物理学的知识、技能和方法，涉及心理学、教育学、教育心理学、教育测量及评价的基本概念和规律，也涉及哲学、逻辑学、工艺学等方面的知识，从而它具有综合性的特点。

物理教学心理学作为应用型学科，它不是物理教学过程的心理学注释，而是心理学和教育心理学在物理教学实践中的直接应用，更并且具有明确的研究对象和任务。它从自身的研究对象出发，运用以上各学科的概念、原理和方法，研究物理教学过程中学与教的心理特点和规律，从而它具有独立性的特点。

因此，物理教学心理学，是一门综合性、实践性很强的，具有独立体系的应用学科。

1. 物理教学心理学的研究对象

物理教学心理学研究物理教学过程中的各种心理现象及其变化，分析学生身心发展与教师、环境的依从关系，师生心理状态和发展的相互影响，探讨学生在教学条件下，学习心理的特点和规律。总之，物理教学心理学研究的是物理教学实践中的心理学问题，具体地讲，主要包括以下几方面内容。

首先是研究学生学习物理知识、物理实验技能、物理学的研究方法和处理问题方法的心理学问题，研究学生学习物理的能力及物理教学与发展学生能力之间的关系。如学生学习物理的动机及物理观念的形成，学生学习物理的各种心理障碍，教材结构、教学方法与学生心理之间的关系，学生学习能力的因素分析，学生的认知结构、解决问题的方法策略，等等。

其次研究学生在学习物理过程中社会主义思想品质形成的心理学问题。如科学态度、科学方法、辩证唯物主义观点、热爱祖国等思想品质的形成和发展的心理规律，以及课外物理活

动、劳动技术教育、社会实践活动等对这一形成和发展的作用等。关于学生在学习物理的心理方面的个别差异问题也是应研究的内容之一。

最后，研究物理教师的心理问题。如教师的素养中应有的心理品质及其形成、他们对学生的影响等。

也就是说，依从物理教学心理学开展教育教学实践活动，一方面揭露物理教学实践中心理活动的规律，另一方面运用这些规律指导教师的物理教学实践和学生的物理学习活动，提高教与学的质量和效率。这正是本课题的最大亮点和创新之处。

2. 我们的终极目标是培养学生的创造性思维能力，课题着重研究的是"提高高中物理学科教学与学习效果的心理分析"。

基于此，本课题主要的研究方法有：（1）观察法，（2）分析法，（3）问卷法，（4）测验法，（5）实验法。

其中，实验研究方法：以课题组成员任课班级为研究对象，设计好实验教学模式，开展实验研究。有目的地观察并记录学生的思维变化，并将研究结果和理论结合，提炼出有效的课堂模式和教学策略，不仅可以提高教师的教育科研水平，也一定能提高学生的实践和创新能力。

应当指出，以上各种方法不是孤立的，在本课题的具体研究中，往往综合地使用其中几种方法。根据课题研究需要，课题组成员在研究过程中需借助网络、理论书籍等查阅国内外先进的教育理念、实践成果等相关文献。通过教学一线调研现已开展的教育教学的新方法和新经验，用于指导本次课题的实际操作。通过文献研究的方法，掌握目前国内外高中物理教学模式的动态，借鉴已有研究成果的经验和教训，开展新的教学方法，践行新的教学策略，提高"高效课堂"的有效性。

然而，无论是用某种方法或同时使用几种方法，一般都应包括以下一些步骤：

（1）明确研究课题的目的、任务。

（2）确定研究方案；提出解决问题的理论依据和途径，确定采用哪些方法去探索或验证，确定取样范围、对象或条件，确定工作程序。

（3）实施研究方案，根据计划去收集有关资料，记录过程的条件、外部表现和特点，包括必要的数据；

（4）对大量资料和数据进行分析，做出定性和定量的结论，从而完成预定的目的。

3. 重要的是培养学生的创造性思维能力

创造性思维是适于解决新问题的想象或形成创造活动心像的思维。它一方面与一般思维有共同之处，同时又有其不同于一般思维的特点。创造性思维不仅能揭示客观事物的本质和内在联系，而且在此基础上能产生出前所未有的独特的思维成果。可见，创造性思维是创造力的核心，它包括发散思维、辐合思维、直觉、顿悟、灵感等成分。

创造性思维包含两个方面内容；

（1）一是重新安排已有的知识，创造出新的理论结构。对已有的知识进行整合，从而提出一种新的适用面更广泛的知识理论，这是一种创造性思维活动。牛顿万有引力定律的创建，就是把原有的个别认识，上升为具有普遍意义的崭新的认识。

牛顿站在巨人的肩膀上，创造出了新的理论，统一地解释了宏观、低速物体的机械运动。新理论的普适性越大，其创造性思维的成果对认识世界、改造世界的贡献越大。

（2）另一是在已有知识的基础上，提出新的见解、设想和思路。这种新的概念或方法往往和当时的常规理论、方法相反，也常常不能迅速被承认，但它具有强大的生命力，最终会放出异彩，对科学技术的进步起着巨大的作用。普朗克1900年创立的量子论，否定了经典物理学在宏观物体运动中总结出的，把能量、电磁场等视为连续变化的观点，开辟了物理学研究的新天地。量子论的创立，为物理学认识微观世界找到了钥匙。

创造性思维是以前人的认识为基础，有群体智慧的广泛交流，再经过个人的深加工，而形成的独到的新意卓识，它不仅具有新颖性、独创性，而且还带有个人色彩。

高中生的创造性思维是指通过自己的智能去发现并掌握他前所未知的知识技能，并在实践中运用，这些知识技能尽管是前人的思维成果，但对学生来说却是新颖的，中学生获得这样的成果，便体现了他们进行的是创造性思维。当然，这一般是属于初级的创造性思维。

在物理教学中，学生表现出的创造性思维是多方面的，如：

（1）提出带有探索性的新颖问题。

（2）解题方法有所创新，或能一题多解。

（3）能把平时所学的知识进行归纳整理，使自己学法上有所创新。

（4）在实验、制作、论文中展现新的见解。

在物理学习中，学生的创造性思维表现是多方面的，我们在教学中还会有很多发现，教师要重视学生的这种表现，给予支持鼓励，使之发扬光大。

三、科学合理的具体措施和优越的研究条件是课题得以顺利研发的有力保障

（一）科学合理的具体措施

1. 在课题设立之初，在征求科研副校长苗建立和科研室主任李慧建议的同时，也寻求市教科所冷主任的指导。组织相关的长期工作在一线的骨干教师开展课题研讨活动，交流研究有关问题，对课题研究进行论证设计、假设、确定变量、查阅文献，获得与所研究的课题或所利用的研究方法有密切关联的信息。

2. 有计划、有步骤地组织课题组的成员系统学习有效支撑新课改、新考改的教育教学理论；以教学设计、公开课、科研论文、研究报告多种形式，围绕以下研讨目标实施教科研工作，有效推进高中物理教与学的心理分析的课程资源的设计与开发以及实践模式的专题研讨：

（1）"物理美与高中物理教学"；

（2）"浅论新课程标准的高中物理教学的人文教育"；

（3）"重要的是培养学生的创造性思维"；

（4）再谈"以问题为中心的高效物理课堂的教学理念"。

3. 借助省示范高中智慧校园平台，积极推进"提高高中物理学科教学与学习效果的心理分析"专题资源库的建立以及资

源的进一步开发。

（二）可资利用的研究条件

1. 时间保障：固定课题研讨交流的时间；集中、分散相结合；充分利用网络资源，线下、线上相结合，确保课题稳步推进。

2. 物质保障：借助智慧校园平台，围绕高中物理核心素养构建"基于证据的'以问题为中心的高效物理课堂'的教学模式"，结合新课改、新考改形势下建立学生走班、体验、实验和实践活动交流园地，为学生搭建动手实践的平台。

3. 人员保障：所有成员均为有丰富教育教学经验的一线物理教师，课题研究有着充分翔实的案例和资源保障；在研究工作中注意积累研究资料，坚持学习最新的教育教学理论；所有成员都能熟练地利用计算机和互联网，为最快地获取研究信息和有效交流提供保障。因此，课题组具备良好的课题资源、信息交流和科研设备，完全可以满足课题研究的需要。

4. 优势保障：本课题以牡丹江市第一高级中学的龙头课题"新考改背景下教学综合改革实践研究"和省专项重点课题"整校推进信息技术应用能力提升策略研究"为引领，有可资借鉴的科研工作的有利条件。课题研究注重现代信息手段的利用、提高研究工作的效率。文献分析、借鉴比较、实验研究、案例分析、理论构建都将是课题研究的手段。既要借鉴国际上同类课题的研究经验，又要根植于校本资源，研究在实际土壤中呈现的新问题；本课题研究特别注意课题成果的应用和转化，力图使理论研究和实际应用结合起来，不做空泛的理论假设，寻求解决实际问题的理论模型和实践模式。

总之，课题组成员们在物理教育教学过程中坚持了"坚持以创新为目标，坚持实施新课程标准，以学生整体发展为基础，以学生个体成材为重点，以学生主体参与为关键，以开放式教育教学活动为重要途径"的教学理念，扮演一个学生学习的"组织者、引导者、帮助者、支持者"，为培养德、智、体、美等全面发展和个性健康发展，高素质、高层次的新型人才做了勇敢的尝试和大胆的探索。

参考资料

［1］闫桂琴.中学物理教学论［M］.北京：北京师范大学出版社，2010.

［2］朱荣华.物理学基本概念的发展历史［M］.北京：冶金工业出版社，1987.

［3］邢红军.论物理思想的教育价值及启示［J］.教育科学研究，2016（8）：61—68.

该文为2021年度黑龙江省教育科学"十四五"规划教研专项课题"核心素养视域下提高高中物理学科教学与学习效果的心理分析研究"（课题编号：JYC1421395）的研究成果之一。

教育叙事：学生是评价改革的最直接受益者
——未成年人思想道德教育点滴实录

在实施素质教育和创新教育的过程中，应全面推行反映学生状况的过程性评价。因为学生是评价改革的最直接的受益者，在新型的评价体系中，学生的主体意识、主动精神、创新精神、实践探究等基于学习动力系统的因素得以最佳地调动和发挥，学生的心理、情绪、自我概念、人际关系、自信心等方面得到了前所未有的发展，有意义的学习推动了有目的的学习，学风与班风常常成为校风建设的一道亮丽的风景线。

通过成长记录等多种途径，全面反映学生的发展过程，内容包括学生平时的学业成绩，研究性学习的方案、报告、论文、作品，对学生个人的特长及潜能的描述，学生参加社区服务和社会实践的经历及其自我评价，教师、同学的观察和评价，来自家长的信息等。

作为"淡化教育痕迹"课题组成员，在该课题实施的过程中，我对学生的发展情况进行了细致的分析，形成了客观描述学生的成就、优势和不足的分析材料。以下是该课题开展过程中能真实、可信地体现部分学生和班级的成长记录的点滴实录。

一、实录1

作为该课题的重要组成部分——"四心评语"的设计和执

笔者，我十分重视它在淡化教育痕迹方面所起到的教育作用。

在"让我们荡起双桨"——"同学，祝你成才"当中，王雯欣同学情真意切地对丁佳说："时间真的好快，半个学期如水一般地过去了！不知道'小丁子'在这段时间的收获如何呀？嗯，平时的你总是那么机灵，也很认真，在学习方面也很努力！希望你能够继续保持，最好能够更上一层楼啦！最近有没有确立学习目标或是远大的理想？我相信，通过你的努力，一定会实现的，而且会圆满实现！我看你的行动！要放假了！Remember（记住）：合理安排时间，要努力学习哦！过一个愉快的假期！小丁子，再次祝你成才！"勉励之情跃然纸上，激励效应不言而喻。

而"多梦的年华"——"我对自己说"则给丁佳同学喃喃自语提供了绝好的机会："如果时光可以倒流，我很希望再过一次这个学期。时光可以倒流吗？不可以！所以再也没有机会重来了。这个学期，太多的遗憾有如初春的细雨打湿了我的记忆，但蒸发过后留给我的不是悲伤，不是气馁，而是无限的启示和勇气。就拿学习成绩而言，真像老师说的：种瓜得瓜、种豆得豆。在什么科目上下的功夫多，什么科目就会高人一等。人这辈子，了解自己是最大的胜利，就像政治课中提到的那样：要想提高农业生产率，就必须优化农业产业结构。同理，要想提高学习效率，就必须优化学习分配时间。"跌倒了再爬起来，成功或早或晚，自信和自强总会引领着你迈向成功。

"世风、民风皆起于家风"中孟娜家长的一篇寄语，舐犊情深，殷殷厚望溢于言表："爱女，自你来到这世界，父母对

你寄予无限的爱。因为你是我们的希望和升华，也是祖国繁荣、强大的希望和未来。父母希望你将我们给予你的爱回报祖国。从小到大，在父母的眼中，你是出色的。你靠自己的能力考上了最好的一中，我们引以为荣。但是人生的路还很漫长，进入高中，只是你人生起点的准备阶段。目前，你只有牢固地掌握各类学习知识，全方位地充实自己，提高自身素质，才能高起点地站在人生的跑道上，更好地回报社会，为祖国的快速富强献上一份力量，人生才有价值。所以，现阶段我们希望你在学习上：努力、努力再努力！持之以恒。在思想上：进步、进步、再进步！父母愿做你的人梯，永远支持你，做你的坚强后盾——未来属于你！"好一位可敬的学生家长！

作为跨世纪的一名教师，我要求自己扮演着这样一个角色：教师应该成为学生学习和成长的"组织者、支持者、帮助者和参与者"。就因为如此，我在"老师对你说"寄语中，把"字字句句总关情"作为师生交流的脉搏。我在给刘奇同学的寄语中，这样写道："刘奇，人生就像爬楼梯，每一层楼梯、每一个转弯处，都会给脚步以一种向上的力量，给虚妄以一种明智的警醒，给困境以一种希望的昭示，只要我们一条一条细细地品味，一步一步地慢慢地抵达，就一定可以到达你梦想的终点！不要气馁！快乐向前冲！"可以想见，学生内心里的那一丝感动会化作怎样的前行动力！

"四心评语"子课题的实施，对促进师生之间、生生之间、家长与学生之间、教师与家长之间、社会与学校之间的有益的广泛的交流，为淡化教育痕迹，为学生的健康发展起到了不容忽视的积极的心理暗示作用。

二、实录2

在中学教育过程中，"班会"对学生的影响是十分重要的。因此，教师，尤其是班主任要充分利用班会活动，在班会活动中大力开展"讲政治""讲正气""讲学习"活动，帮助学生形成正确的世界观、人生观、价值观，让学生具有独立选择和判断的意识以及强烈的社会责任感；加强渗透创新，开展爱科学、学科学、用科学活动，使创新活动成为新时期班会活动的主旋律。

通过丰富多彩的班会活动，去培养和锤炼班级干部，为每位同学的充分发展创造条件；通过班会活动，激发学生的学习兴趣，使他们活跃思维，不断扩大视野，掌握科学的学习方法，逐步提高分析和解决问题的能力；通过班会，增强班级的凝聚力，全面提高班级建设的质量。

作为班主任，我十分重视班会的教育作用，鼓励班级干部和普通同学精心设计灵活多样的、有积极意义的、有针对性的、符合班情的主题班会。文理分科之初，班级成分明显变化：班级干部调整较大，"尖子"群比例缩小，"学困生"明显增加。这就要求班级的管理者及时采取有力措施，迅速引领班级走出低谷。

"希望与成功之间，用上你全部的力量"主题班会就在这种情况下应运而生了。高二14班班委会和团支部的同学们根据本班的具体情况，有意识地在全学年的范围内邀请了成鑫、张倩烨、陈红、张星宇、孙翔宁、刘畅等同学到我班交流思想。

成鑫同学，黑龙江省三好学生、高二 3 班班长、2005 届地区文科状元。他首先就班级干部的思想觉悟、创新意识、工作艺术做了文采飞扬的即席演讲。通过现场交流，我班的班级干部达成共识：班级要实现管理自动化，希望在马老师的指导和培养下涌现出一批热心于班级工作的认真负责、胸怀开朗、勇敢泼辣、办事公正、维护团结的优秀的班级干部。

陈红同学，高二 15 班语文课代表。她的《我钟情于"语文课代表"这个简单的职位》极富感染力。刘奇、孟佳两位课代表当即表态：向陈红同学学习，把语文课代表这个工作做好、做实。

我校学生团总支书记、高二 16 班班长张星宇同学的开场白——"鹿弛走，六马不能望其尘，所以及之者，顾也。"则把本次座谈带向了高潮。他说："这里的鹿，就好比是我们身边那些学习成绩暂时领先的同学；那么，我们大部分同学，都是马，在学习上与鹿有一定的差距，甚至这差距很大——不能望其尘。但是，只有我们在学习上不气馁，不松懈，像马一样一直向前，不东张西望，不犹豫彷徨，对自己不抱有怀疑的目光，那么，我们就有可能超过前面那个人，或者缩小与他人的差距。"接着，星宇同学又从"如何有效地利用时间、安排时间"、"如何强化记忆"、"如何注意学科的积累和能力的训练"、"如何在课外活动中锻炼自己，积累素材"等几个方面与我班同学进行了广泛交流。

而孙翔宁、刘畅同学的"快乐学习法"赢得了全体同学的一阵又一阵掌声。而一直名列学年前十名的我班的陶理同学抓住时机，饶有自信地及时点评和总结："我想几位同学都不会否认我的优秀，但我内心真的感到与你们之间那样大的差距，因为你们的优秀不仅仅体现在学业的优秀上。今天的这次交流，受益的不仅仅是 14 班的全体同学；像成鑫几位如此优秀的学友，这样面对面的深度交流也许只是第一次。两年以后，几位同学相约在清华、北大的那一刻，想必都会记起在我们牡丹江一中高二 14 班的这一段的快乐时光吧。聪明的人会用别人的智慧填补自己，而愚钝的人要用别人的智慧干扰自己，我们更应该感谢对手！上帝总把同等重量的人放在天平的两侧，能找到对手便是找到了我们人生价值的砝码。何不把身边每一个人当作天使，我们永远会活在天堂。"

作为班主任，我希望同学们：让我们用宽阔的心锻造坚毅的石，用坚毅的石擦出智慧的火，用智慧的火点燃自信的灯，用自信的灯照亮我们前进的路！相信我们班会很快走出困境，一路前行！

这一次主题班会的积极意义很快就体现出来了。当天的卫生清扫工作，同学们积极踊跃，让班级面貌在短短的半个小时内焕然一新；第二天，早自习、课间操、广播收听以及自习课就更加井然有序；轮值班委制度悄然形成，班级的自动化管理风格初步形成了。更让学生和家长备受鼓舞的是：期中考试，陶理同学一跃成为学年第三，刘博潇洒进入学年前十，郭安然挤进学年前二十，霍明英、贾显伏、于川汇和王舒同学也以优异的成绩名列学年的前三十；"学困生"和"问题生"明显减少；班级整体平均成绩也由文理分科的第十一名跃入前四名，高二 14 班也成为同学们引以为荣的"班风正、学风浓"的优秀班集体。

三、实录 3

《普通高中课程改革方案（试行）》指出：高中课程改革需要开发大量的课程资源，同时要建立课程资源共享机制，充分利用社区教育资源，建立广泛有效的课程资源网络。

2003 年 9 月 10 日，温家宝总理主持召开国务院常务会议，研究实施东北地区等老工业基地振兴战略问题，提出了振兴东北地区等老工业基地的指导思想和原则、主要任务及政策措施。9 月 29 日，在胡锦涛总书记主持召开的中共中央政治局会议上，实施东北地区等老工业基地振兴战略的问题也被列为一项重要的研究内容。

振兴家乡经济，为家乡的崛起而努力学习是所有牡丹江一中骄娇学子义不容辞的责任。2003 年 11 月 12 日，牡丹江一中高二 14 班全体共青团员同学响应党中央的伟大号召，在班主任马铁瑛老师的带领下，在时任校团委书记孙奇峰、学生处主任于景波的大力支持下，在家长委员会主任李新友的积极配合下，组成了以班委会、团支部为核心的"牡丹江一中社会实践团"，前往黑龙江省"三大电力产业"之一的牡丹江第二发电厂进行社会实践调查、学习活动。

在牡丹江第二发电厂煤质检测部宽敞明亮的会议室里，我们得到了该部王政新书记及两位工程师的热情接待。他们深入浅出地介绍了火力发电厂发电的基本流程、煤质检测的重要意义以及"二发电"在黑龙江省工业基地的不容忽视的重要地位；王书记鼓励高二 14 班的全体同学为振兴家乡经济努力学习，为新世纪祖国的繁荣富强不懈努力。其间，以王舒、连庆宇同学为代表的记者团有针对性地连连发问，掀起了本次社会调查活动的第一次高潮，他们的机敏和睿智赢得了"二发电"同志们的一致赞许，充分体现了"一中"学生的良好风范和知识内涵。此起彼伏的掌声久久回荡在会议室里。

这次社会调查活动的主要内容是参观"煤质检测"的四个实验室以及相关知识的学习和整合。通过实验室工作人员耐心细致的介绍和一丝不苟的现场操作，同学们第一次对煤质检测"水分""灰分"等问题有了初步认识；尤其是利用"万分之一克"精度的分析天平对0.2毫米煤粉样品的检测，进一步增强了同学们对提高实验技能的重要性的认识；而我国自行研制的具有国际先进水平的煤质检测仪器的应用，更是激发了全体同学的爱国热情，每一个同学都以极大的热情，严谨求实的科学态度对待参观过程的任何一个环节和细节，不放过其中的每一个学习机会，并能结合自己平时所学进行力所能及的对比，大多数同学都对参观内容做了必要的记录。

在这次校外活动的整个过程当中，同学们都能做到团结有序：乘车时互敬互让，保持车内卫生，班级干部、各组组长强调组织纪律，重申活动秩序，充分体现了班团干部练达、成熟的工作能力；铿锵有力、豪迈的班歌唱出了骄骄学子的蓬勃朝气，鲜艳的"牡丹江一中社会实践团"旗帜映红了同学们的笑脸。宣传组的各位同学手拿照相机、肩扛摄像机，机敏、干练地捕捉素材；文学社的"编辑"们不失时机地用他们的生花妙笔记录着点点滴滴；安全组的三名干事组织得法，前后照应；即使是先后两次的全体留影也反映了本次社调活动的协调有序

和学生的鲜明特色和较高素质，牡丹江一中学生的团队精神与班集体的凝聚力体现得淋漓尽致。

作为班主任，同时又是高二14班的物理教师，我一向重视密切课程与社会发展、科技进步和学生经验的联系，体现课程的时代特征。应该说，这次活动为学生学习高压输电、进一步提高实验技能、加强学科之间的有机整合、增强环保意识提供了很好的校外教育资源，并且使绝大多数学生得到了锻炼。这次活动为帮助学生继续树立正确的世界观、人生观与价值观，培养他们独立选择与判断的意识等科学素养以及高度的社会责任感，培养他们的终身学习能力、独立工作能力、团结合作能力、创新能力以及人生规划能力奠定了一定的基础。

我们已走进新世纪，我们走向素质教育，评价既为困惑，亦可解惑，《普通高中课程改革方案》给予全新的教育思想，课程与评价改革给予牡丹江一中全新的教育氛围，在评价中发展，在评价中增值，在评价中改善教育的服务功能，必将成为今后素质教育和创新教育发展的一条闪光的红线。

参考资料

［1］学生是评价改革的最直接受益者—班主任工作点滴实录［G］. 2005：180. 全国中小学思想道德建设优秀成果汇编. 北京：西苑出版社。

［2］马铁瑛教育叙事：学生是评价改革的最直接受益者［J］. 中小学教育，2021（1）：126—127.

交流竞赛篇

　　教学研讨、竞赛交流等多元化的教育教学实践活动对提高课堂教学的有效性有积极的帮助，它可以促进课堂优势互补，教师之间互相启发，智慧共享。更重要的是从异同中领悟到许多有价值的东西。这样才能达到激发内在潜能，张扬个性，从而追求异中有同、同中求异的境界。

学术交流

  "以德育为核心，以创新精神和实践能力为重点"的素质教育是我国当今教育发展的主流；在基础教育阶段应格外重视对学生进行思想道德教育，培养学生正确的人生观和价值观。"生活里并不缺少美，缺少的是发现美的眼睛。"在物理教育的方方面面中充满了美学因素，发现、体验并运用这些美学因素，对于积极推进新课改，提高教学质量，深化素质教育都有着积极而深远的意义。在物理学习过程中，学生的创造性思维表现是多方面的。其中，解题方法有所创新，或能一题多解是高中生学习物理过程的突出表现，教师要重视学生的这种表现，给予支持鼓励，使之发扬光大。

◎德育教育如何渗透于物理教学的课题引入之中

◎再谈德育教育如何渗透于物理教学的课题引入之中

◎浅谈高中物理知识体系中的形式美

◎一道典型物理问题的多解与点评

德育教育如何渗透于物理教学的课题引入之中

"以德育为核心,以创新精神和实践能力为重点"的素质教育是我国当今教育发展的主流,其中学生的德育教育是一项关系到我们国家、民族的前途和命运的大事,具有极其深远的现实意义。因此,在基础教育阶段应格外重视对学生进行思想道德教育,培养学生正确的人生观和价值观。

为了达到这一目的,我努力将每一节课的开头都贯穿于对学生的思想教育中,使他们懂得:物理这门学科是从观察和实验中来,又应用到实践中去。通过课题的引入,激发学生对祖国的热爱,为中华民族和世界各民族拥有的文化瑰宝感到由衷的骄傲,对提高学生的文化素质,培养学生的创造能力,起到积极的推动作用。

人们常说,教育是一门科学,又是一门艺术。符合认知规律的、精彩的导课方式,犹如一石激起千层浪,能把学生的思维即时带入亢奋状态,使学生疾速地进入角色。如何使每一节课的教学都有一个良好开端呢?这就要求我们在创新教育理论和教学实践中不断学习,努力探索,不断充实和武装自己,这样才能做到"每天都以崭新的姿态展现在学生面前"。下面,结合自己的教学实际谈一谈物理课堂教学的课题引入中渗透德育教育的做法和体会。

一、介绍科学家的爱国精神和古今中外的科学成就，引入课题

要把学生培养成跨时代的合格人才，就要对他们从小进行爱国主义教育。爱国主义精神也是大多数物理学家所具有的。例如：我在讲解"天然放射现象"时，介绍了居里夫人青少年时期就同爱国运动保持联系，她热爱祖国高于一切，她把一生中获得的奖金几乎全部用于资助她的祖国波兰的革命，她曾把1克镭赠给波兰的华沙镭研究所。

像这样的课题还可以引入很多。又如，我国隋代的大建筑师李春营造的举世闻名的赵州桥，"奇功固护，甲于天下"，"绝世无双"，比国外类似的石拱桥要早近千年，而国外的这类石拱桥大多早已毁坏。还有墨翟的"小孔成像"、诸葛亮的"孔明灯"、沈括的"磁偏角"等无一不显示了我国古代的科学技术早已走在了世界前列。这些事例的引入，能激励学生为振兴中华而努力学习，也会收到良好的教学效果。

二、利用电影插曲和古体诗词，引入课题

例如，介绍机械运动时，我就给学生朗诵电影《闪闪的红星》插曲中的两句"小小竹排江中游，巍巍青山两岸走"和陈与义的《襄邑道中》的两句诗"百里榆堤半日风，卧看满天云不动"。明明是竹排在行，却说："青山两岸走"，这是错觉吗？不是，其中包含着物理学原理。我据此启发学生思考，然后引入机械运动、参考系、相对运动等概念，再把原句补上："仔细看山山不动"，是竹排在行；"卧看满天云不动，不知云与我

俱东"。用物理学基本原理加以阐述，真是美不胜收，俨然古人为我们讲解物理知识了。

类似这样的诗句都可借来为物理教学所用，同时还可以从物理学的角度去赏析。又如："欲穷千里目，更上一层楼"，"登高壮观天地间，大地茫茫去不还"——可以引入"光的直线传播"；"一尺之棰，日取其半，永世不竭也"——可以用来导入"物质的组成"。

学生对这样引入课题兴趣盎然，同时又使他们从一些韵律优美的诗句中领悟幽深的人生哲理。这样做，一方面体现了教师对学生的尊重，富有协商研究性；另一方面又使学生保持轻松、愉悦、积极进取的心态，达到了优化教学效果的目的。

三、利用生动有趣的小故事，引入课题

在讲解压强一节时，可以抑扬顿挫地介绍《三国演义》中的关云长的青龙偃月刀，《岳飞传》中岳鹏举的力拳神矛。道理就蕴藏在压强公式 $P=F/S$ 之中：关羽的宝刀要磨，刀刃薄了，接触面积就小了，压强就大了，于是关羽过关斩将无往不胜；岳飞的枪尖要尖，越尖接触面积越小，压强就越大，于是岳飞攻城夺寨，无坚不摧。这样导课，自然生动，引人入胜。

四、联系日常生活或生产实际，引入课题

这种导课方式，一般用于讲授和学生日常生活密切相关或具有承上启下作用的知识，使学生能在既有物理知识的理论指导又有生活实践的体验中去积极思考和努力探索，从而活跃他

们的思维，培养学生理论联系实际的学习能力。例如：在学生充分预习的情况下，学习光的衍射一节时，可用这样的问题引课："如果光的波长比一般声波的波长还长，那将会发生什么现象呢？"这样，学生可根据光的明显衍射条件及其规律，并结合声波衍射的实际情况，充分发挥想象力：若光的波长很长，则衍射现象将随处可见，那么住房将无阴、阳面之分；"大树底下好乘凉""形影不离"之类的俗语将成为谬论；衣服的颜色也将失去意义……通过这样的发散性设疑，由于夸大的"设疑"与实际产生强烈的反差，使学生对较抽象的"光的衍射"知识加深了理解。

五、利用悖论，引入新课

悖论，又称佯谬，在科学发展史中有着重要的作用。物理学中悖论的解决，往往会导致物理学革命性的飞跃，在中学物理教学中，引导学生讨论悖论，对增强思维的严密性是有益的。

例如：我在讲解自由落体运动时就举了伽利略的"落体佯谬"的例子；并指出伽利略就是从亚里士多德的理论出发，导出了互相矛盾的结果，尖锐地指出了亚里士多德的理论的荒谬，为新力学的创立开辟了道路；另外，我在讲述平面镜成像规律时，列举了孟浩然的"野旷天低树，江清月近人"之"月近人"的物理佯谬。

通过悖论引入教学的设计，对培养学生辩证唯物主义观点，深刻暴露学生认识中的问题，十分有益。

六、通过实验，引入课题

物理是一门以观察、实验为基础的自然学科，加强实验教学是提高物理教学效果和开发学生创造力的有效途径。在实验过程中，一方面，我注意培养学生严格操作、实事求是的科学态度，树立爱护仪器、节约实验药品的主人翁思想和团结合作的优良品德；另一方面，我又尽最大可能设计自由度大、自主力强、可操作的学生实验，使学生的创新思维得到充分的发挥。

以上仅是我在课题引入中渗透、贯穿德育教育时常用的几种基本方式。教学是一门科学，又是一门艺术，这种艺术的表现手法千姿百态，没有定法，其方式远不止上述几种。无论采用哪种方法都必须注意准确地使用物理语言，用辩证唯物主义观点去阐述教材。在传授知识，发展学生智力，培养创新能力的过程中，有机地对学生进行思想教育，做到教书育人，为人师表。这就要求我们教师既要知常，又要知变，用自己辛勤的创造性劳动来设计出具有特色、富于实效的导课方式。以优化、完善课堂的教学环节，充分发挥物理课堂教学的教育教学功能，促进教学质量的不断提高，为培养具有创新能力的高素质人才而努力。

参考资料

[1] 孟昭晖. 物理课程与教学论. 长春：东北师大出版社，2006.

[2] 朱荣华. 物理学基本概念的发展历史 [M]. 北京：冶金工业出版社，1987.

再谈德育教育如何渗透于物理教学的课题引入之中

课程教材是育人的重要载体,直接关系人才培养的方向和质量,其内容和形式都应该集中体现党和国家的意志。教育部制定了《习近平新时代中国特色社会主义思想进课程教材指南》等指导性文件,强化重大主题教育整体设计,增强课程教材育人功能,实现大中小学育人目标内容有序递进、螺旋上升。这是落实立德树人根本任务,培养担当民族复兴大任时代新人的重要举措。

核心素养视域下,积极开展"提高高中物理学科教学与学习效果的心理分析"课题研究,是落实"物理学科核心素养与课程目标"的有力保障,是开展新的教学方法、践行新的教学策略、提高"基于证据"的高效课堂的有效性的正确引领。"以德育为核心,以创新精神和实践能力为重点"的素质教育是我国当今教育发展的主流,同时也是本课题研究的重要一环。在基础教育阶段应重视对学生进行思想道德教育,培养学生正确的人生观和价值观。

物理这门学科从观察和实验中来,又应用到实践中去。通过课题的引入,激发学生对祖国的热爱,为中华民族和世界各民族拥有的文化瑰宝感到由衷的骄傲,对提高学生的文化素养,培养学生的创造能力,起到积极有力的推动作用。如何使每一节课的教学都有一个良好开端呢？这就要求教师在创新教育理论和教学实践中不断学习和探索，每天都以崭新的姿态展现在学生面前。下面，笔者结合自己的教学实际谈一谈物理课堂教学的课题引入中渗透德育教育的做法和体会。

一、介绍科学家的爱国精神和古今中外的科学成就，引入课题

要把学生培养成跨世纪的合格人才，从小就要对他们进行爱国主义教育。爱国主义精神也是大多数物理学家所具有的。例如：在讲解原子核的组成时，介绍了居里夫人青少年时期就同爱国运动保持联系，她热爱祖国高于一切，她把一生中获得的奖金几乎全部用于资助她的祖国波兰的革命，她曾经把1克镭赠给祖国波兰的华沙镭研究所。

其实，我们伟大的祖国也有一位"居里夫人"，她就是在核物理方面，被国际物理学界公认，"可与钱三强分享中国近代历史"的杰出的核物理学家何泽慧先生。何泽慧是"中国原子弹之父"钱三强先生的夫人，但何泽慧先生并非因钱三强而闻名。首先，她本人就是世界物理学界的一位真正的天才。早在20世纪40年代，何泽慧先生就与钱三强先生经过上万次的实验探索，发现了原子核的三分裂和四分裂，其概率大约是二分裂的千分之三，这个发现在国际上引起了巨大的反响，何泽慧也因此被西方媒体称为"中国的居里夫人"。1948年，何泽慧同钱三强先生放弃国外优渥的待遇，冲破重重阻力，毅然决然地回到祖国，全身心地投入到新中国中科院物理研究所的创

建工作。此后，何泽慧先生为中国中子物理与裂变实验领域又做出了更加突出的贡献；1973年，何泽慧先生又开始了宇宙线超高能物理和高能天体物理的研究。中国首颗X射线天文卫星命名为"慧眼"，就是为了纪念何泽慧先生。每当笔者为学生们讲解核裂变时，总是情不自禁地为何泽慧、钱三强先生敏锐的科学洞察力、高尚的爱国情怀、无私的奉献精神所感动。

像这样的课题还可以引入很多。又如，我国隋代的大建筑师李春营造的举世闻名的赵州桥，"奇功固护，甲于天下"，"绝世无双"，比国外类似的石拱桥要早近千年，而国外的这类石拱桥大多早已毁坏。还有墨翟的"小孔成像"、诸葛亮的"孔明灯"、沈括的"磁偏角"、苏颂的"水运仪象台"等无一不显示了我国古代的科学技术早已走在了世界前列。"传递青春梦想，共话民族复兴"，这些事例的引入，能激励学生为振兴中华而努力学习，自然也会收到良好的教学效果。

二、利用电影插曲、革命歌曲和古体诗词，引入课题

例如，介绍"质点参考系（和坐标系）"时，给学生们朗诵电影《闪闪的红星》插曲中的两句诗"小小竹排江中游，巍巍青山两岸走"和洛中八俊陈与义的《襄邑道中》的两句诗"……百里榆堤半日风。卧看满天云不动……"。明明是竹排在行，却说"青山两岸走"，这是错觉吗？不是，其中包含着物理学原理。据此启发学生思考，然后引入机械运动、参考系、相对运动等概念，再把原句补上："仔细看山山不动"，是竹排在行；"卧看满天云不动，不知云与我俱东"。用物理学基本原理加以阐

述，真是美不胜收，俨然古人在为我们讲解物理知识了。

还有，学生们在体验"'火'烤胸前暖"的同时，恰恰深刻领会了"红外辐射"带来的影响。"……征马蹒跚，冷气侵人夜难眠。火烤胸前暖，风吹背后寒。壮士们！精诚奋发横扫嫩江原。……团结起，夺回我河山。"这首气势磅礴的《露营之歌》，真实地反映了东北抗联艰苦卓绝的战斗生活与英勇顽强的斗争精神。师生们在赏析歌词的同时，也被抗联将士们豪迈的气概、高尚的情操、坚毅的决心以及收复祖国大好河山乐观的情怀所感染。

类似这样的诗句都可借来为物理教学所用，同时还可以从物理学的角度去赏析。又如："欲穷千里目，更上一层楼"，"登高壮观天地间，大地茫茫去不还"，"黄河远上白云间，孤城一片万仞山"——可以引入"光的直线传播"；"一尺之棰，日取其半，永世不竭也"——可以导入"原子结构"；"墙角数枝梅，凌寒独自开；遥知不是雪，为有暗香来"——这沁人心脾的梅花暗香竟然隐含了"分子动理论"的基本常识；"锄禾日当午，汗滴禾下土"——不仅仅歌咏了农民的辛劳，还暗示了"疏松表土"可以有效防止"毛细现象"导致水分流失、土壤板结的不良后果；"落叶永离、覆水难收；欲死灰之复燃，艰乎其力；愿破镜之重圆，冀也无端……"和"人间斤斧日创夷，谁见龙蛇百尺姿；不是溪山成独往，何人解作挂猿枝"，既有凄婉无奈的情怀，又昭示了自然界的一切宏观过程都具有方向性——珍惜生命、热爱自然、保护环境、节约能源……

学生对这样引入课题兴趣盎然，同时又从一些韵律优美的

诗句中领悟幽深的人生哲理，体现了学科融合教育的魅力。这样做，一方面体现了教师对学生的尊重，富有协商研究性；另一方面又使学生保持轻松、愉悦，积极进取的心态，达到优化教学效果的目的。

三、利用生动有趣的小故事，引入课题

在引入"热学的'状态参量'"、讲解"压强 p"时，可以抑扬顿挫地介绍《三国演义》中的关云长的青龙偃月刀，《岳飞传》中岳鹏举的沥泉神矛。——道理就蕴藏在压强的基本公式 $p=F/S$ 之中：关羽的宝刀要磨，刀刃薄了，接触面积就小了，压强就大了，于是关羽过关斩将无往不胜；岳飞的枪尖要尖，越尖接触面积越小，压强就越大，于是岳家军攻城夺寨，无坚不摧。这样导课，自然生动，引人入胜。

四、联系日常生活或生产实际，引入课题

这种导课方式，一般用于讲授和学生日常生活密切相关或承上启下的知识，使学生能在既有物理知识的理论指导，又与生活实践的切实体验中去积极思考和努力探索，从而活跃他们的思维，培养学生理论联系实际的良好作风。

例如：中华美食博大精深，"俗客常笑撑船肚，知己方知腹中珍"，水饺是许多国人的最爱。而"出锅之前点三次（凉水）"、"盖锅煮馅、开盖煮皮"当然富含着丰富的热学原理。

又如："扬汤止沸不如釜底抽薪"——既表达了"液体沸腾"需要满足的物理条件，又揭示了深刻的人生哲理。

再如：在学生充分预习的情况下，学习"光的衍射"一节时，可用这样的问题引课："如果光的波长比一般声波的波长还长，那将会发生什么现象呢？"。这样，学生可根据光的明显衍射条件及其规律，并结合声波衍射的实际情况，充分发挥想象力——若光的波长很长，则衍射现象将随处可见，那么住房将无阴、阳面之分；"大树底下好乘凉"、"形影不离"之类的俗语将成为谬论；衣服的颜色也将失去意义……这样的发散性设疑与生活实际产生强烈的反差，使学生对较抽象的"光的衍射"知识加深了理解。

五、运用悖论，引入新课

悖论，又称佯缪，在科学发展史中有着重要的作用。物理学中悖论的解决，往往会导致物理学革命性的飞跃，在中学物理教学中，引导学生讨论悖论，对增强思维的严密性、严谨性是有益的。

例如：在讲解"自由落体运动"时举"落体佯缪"的例子，并指出伽利略就是从亚里士多德的理论出发，导出了互相矛盾的结果，尖锐地指出了亚里士多德的理论的荒谬，为新力学的创立开辟了道路。

六、通过实验，引入课题

物理是一门以观察、实验为基础的自然学科。实验在中学物理中占有非常重要的地位，这是因为在物理学中，概念的形成、规律的发现和理论的建立，许多都是以实验为基础的。实

验或者引发了理论的建立，或者对新建立的理论进行检验。总之，物理学离不开实验，要学好物理就要做好实验。

加强实验教学是增强物理教学效果和开发学生创造力的有效途径。在实验过程中，一方面，要注意培养学生严格操作、实事求是的科学态度，树立爱护仪器、节约实验药品的主人翁思想和团结合作的优良品德；另一方面，又要尽最大可能设计自由度大、自主力强、可操作的学生实验，使学生的创新思维得到充分的发挥。

笔者利用自己设计的含两套"理想"变压器的"远距离"输电的实验器材导入"电能的输送"一课，不仅仅让学生们充分体验"高压输电"的优越性，也让同人们耳目一新，得到了充分的交流和广泛的推广。

以上仅是笔者在课题引入中渗透、贯穿德育教育时常用的几种基本方式。教学是一门科学，又是一门艺术。符合认知规律的、精彩的导课方式，犹如一石激起千层浪，能把学生的思维即时带入亢奋状态，使学生疾速地进入角色。但这种艺术的表现手法千姿百态，没有定法，其方式远不止上述这几种。无论采用哪种方法都必须注意准确地使用物理语言，用辩证唯物主义观点去阐述教材。

在传授知识、发展学生智力、培养创新能力的过程中，应有机地对学生进行思想教育，做到教书育人、为人师表。这就要求我们教师既要知常，又要知变，用自己辛勤的创造性劳动来设计出具有特色、富于实效的导课方式。为学生呈现条理清晰、灵活机变的物理教学，淡化痕迹、文理结合的人文课堂，以优化、完善课堂教学环节，充分发挥物理课堂教学的教育教学功能，促进教学质量的不断提高，为培养具有创新能力的高素质人才而努力。

参考资料

［1］马铁瑛. 德育教育如何渗透于物理教学的课题引入之中［3］. 牡丹江教育学院学报，2015［a］.

［2］闫桂琴. 中学物理教学论［M］. 北京：北京师范大学出版社，2010.

［3］朱荣华. 物理学基本概念的发展历史［M］. 北京：冶金工业出版社，1987.

［4］余冠英. 中国古代山水诗鉴赏辞典［M］. 南京：江苏古籍出版社，1989.

此文为2021年度黑龙江省教育科学"十四五"规划教研专项课题"核心素养视域下提高高中物理学科教学与学习效果的心理分析研究"（课题编号：JYC1421395）的研究成果之一。

浅谈高中物理知识体系中的形式美

物理教育中更多的美学因素存在于物理本身的知识体系之中，物理学反映的是科学的真，科学的真又表现着科学的美。物理学研究的对象是自然界的运动变化规律，因而物理知识首先便体现出与之相对应的自然美，如力学中的回音、共鸣、天体运行规律、运载火箭的发射、翻滚的过山车、波的图像；热学中的结晶体的多样化，水晶，水在不同温度下呈现出的水蒸气、水纹、雪花、冰块；光学中的光的色散、干涉和衍射图样、光谱、海市蜃楼、日食和月食、透镜成像；电学中的高压放电、摩擦起电；原子物理中的云室α粒子的径迹等等无不体现了物理学的自然美，给人以美的享受。

形式美是指构成事物的物质材料的自然属性（色彩、形状、线条、声音等）及其组合规律（如整齐一致、节奏与韵律等）所呈现出来的审美特性。由于大自然的美妙神奇和物理学家们对美的不懈追求，物理知识体系中充满了形式美的因素，不胜枚举、随处可见，现就其主要形式叙述如下。

一、简洁美

简洁，给人以简单、明了、深远、有序的美感。审美理论认为：那些在特定条件下，刺激物被组织的最好、最规则和具有最大限度的简单明了的"形"，会给人以相当愉悦的感受。物理学的美，最典型、最精粹之处，就是这种简单明了的简洁美。例如：运动和力的关系 $F=ma$，困惑古人几千年，但一旦揭开其面纱，呈现出的关系却如此简明。又如爱因斯坦的质能方程 $E=mc^2$，形式十分简单，但内容极其丰富——用最精练的语言、最少的符号，揭示了奥秘无穷的自然规律，这称得上是叹为观止的简洁美。

简洁美主要包括三种基本含义：客观简单性、数学简单性和逻辑简单性。客观简单性是指自然的基础构造是简单的，是物理学家简洁性思想方法的客观基础。自爱因斯坦以来的物理学家坚信：自然是按美和简洁来设计的。物理学家在选择可能描绘自然结构的数学表示时，选择了对称、简洁的优美形式，正是已经深入他们骨髓里的这种强烈的简洁性信念使然。比如理想模型的方法就是物理学家对客观简单性信念的一种体现。模型的方法巧妙地将复杂的事物一一分割，抽象出一个简洁明了的物理模型，如质点、点电荷、理想气体、电场线等。这些模型就像一幅幅生动形象的简笔画，把物体的特征和个性勾画得淋漓尽致，既简洁又合理，既抽象又形象，给人以美的享受。

数学简单性是指理论形式的简洁凝练及其数学公式的简洁美。物理公式或方程是物理学家辨认出来的自然界所遵守的法则，优美的物理公式或方程常具有漂亮的数学结构，它给人的美感是显而易见的。"自然界为它的物理定律选择这样的数学结构是一件神奇的事，没有人能真正解释这一点。"物理学家在做科学研究时，在他们的心灵深处总有这样的信念：如果自然界显示了一个非常简单和优美的数学形式，那么，他们不得不相信它是"真"的；甚至有些物理学家为了追求数学结构上

的美而暂时放弃其"真"。狄拉克建立统一相对论和量子力学的电子运动方程，具有非常优美的形式，可是它多出来的解却与当时的"真"不符。狄拉克舍不得改动那优美的方程，但必须给失"真"的解做一圆满的解释。于是他大胆地引进正电子，首次提出了反物质的概念，三年后正电子果然被安德逊所发现。这是以"美"求"真"的典型实例。

对逻辑简单性，爱因斯坦曾有过这样的论述："简单并不是指学生在精通这种体系时产生的困难最小，而是指这种体系所包含彼此独立的假说或公理最少。"逻辑简单性也是创立和评价科学理论的基本指导思想。一切科学的伟大目标都是要从尽可能少的假设或公理出发，通过逻辑的演绎，概括尽可能多的经验事实。一些物理理论模型建立时，尽管数学论证和演绎推导呈现出复杂、艰深、变化若幻的气势，但是它的结论（结晶）所发射出的真理之光总是浑朴和简洁的。狭义相对论和广义相对论就分别只有两条基本假设。简单美除了给人以集中、明快感以外，更重要的是因为理论愈简单，意味着限制条件愈少，适用的范围更广。所以，简单的理论比复杂的理论包含有更多的信息量。自然界的现象是错综复杂的，然而背后隐藏的规律却是简单的。托勒密"地心说"似乎能解释日常现象，但人们最终选择了"日心说"，原因之一就是哥白尼体系与托勒密体系相比，明显地具有内在的简单性与和谐性。

二、和谐美

和谐是要素的自洽而表现的整体协调性，给人以恰到好处、浑然一体、轻松自由的美感。和谐美包括物理对象的和谐和物理理论的和谐。

　　作为物理研究对象的客观物质世界是和谐的。"宇宙"一词本身就意味着有序与和谐，序是表示物质结构的概念，有序表示这种结构方式是有秩序、有规则的，在物质世界中存在各种有序状态。在微观领域中，原子世界是一个有序的和谐的世界，核外电子绕核运动，分子间存在相互作用力；在宏观领域，比如晶体是一种典型的有序的和谐结构，这种由若干平面围成的多面体具有规则的外形，其各个几何平面之间的夹角固定不变；在宇观领域，各种星系、各种天体尽管进行着复杂的运动，但在一般情况下各种星体的运行轨道又是有规则的，如月球一边自转，一边还绕地球公转，旋转的速度和轨道也几乎没有差错。宇宙太空各天体的运行配合得如此默契和谐，像是在合奏一首雄伟壮丽的交响乐。

　　作为客观物质世界反映的物理学理论也是和谐的、内在自洽的。海森伯曾经定义：精密科学中美的含义就在于"一部分与另一部分以及整体之间的和谐"，所有被称为"伟大的科学艺术品"的物理理论，都有惊人的内在自洽性。物理中的经典牛顿力学的和谐性就表现在一种高度统一的逻辑美上，牛顿用归纳法获得了力学的有关基本概念和三大运动定律，又用演绎法从这些基本概念和定律出发，构建起整座完美和谐的科学大厦。而物理中由物理概念、规律、公式这些抽象的方法去描述一个个完整、有序、有规律的物理世界的完美和谐的图景，如振动图像、波动图像、气体性质图像、导体的伏安特性曲线、

交流电的图像等等，数不胜数，比比皆是。

在表现形式上和谐美具体表现为统一和谐、层次和谐、互补和谐和奇异和谐。如理论性与实践性的和谐。

三、对称美

对称性是指整体各部分之间的相称或对应，如空间上的和谐布局，时间上的节律协和。对称之所以让人产生美感，是因为对称中存在着某种重复、均衡、有序的东西。物理学揭示了自然界物质的存在、构成、运用及其转化等规律的对称性，由此产生的美感称为物理学的对称美。

在科学美学史上，毕达哥拉斯学派最早提出对称性这一科学审美标准。他们认为圆形最美，圆具有圆周与中心之间的绝对对称与和谐，使得整体与部分之间的关系协调一致。亚里士多德认为美的主要形式为和谐、秩序与匀称（对称）。他认为如果实际观测到天体做匀速圆周运动，那就最美不过了，即使不是也不要紧，因为可以把不规则的运动分解为一系列的匀速圆周运动来加以研究。开普勒第二定律的发展，使得人们对对称性这一审美标准有了新的认识。该定律可表述为：行星在相同的时间内扫过的空间面积相等。这是一种时间与空间乘积的对称。比起单纯的时间对称性和单纯的空间对称性来说，是种更复杂的对称性。毕达哥拉斯关于对称美的思想一直影响着物理学的发展。

传统美学中的对称仅指人们感性意识中的三维空间的对称，而物理学中的对称美有着物理现象的对称美，比如引力与斥力，

"电生磁"与"磁生电",粒子与反粒子,物质与反物质等等;但更重要的是包含各种数学空间的对称美,那是一种理性范畴的对称。这种对称性虽然不直接显现,但却更受到物理学家的推崇。比如能量、动量和角动量守恒就分别显示宇宙具有时间平移、空间平移和空间转动对称性。物理学家已经确信,对每一个守恒量,自然界都设计了一个与之对应的连续对称性。例如,在18世纪后期已经知道电荷守恒了,后来人们开始寻求与之相应的对称性,终于在20世纪中期找到了这种重要的对称性——"规范对称性"。现在物理学家知道,规范对称原理决定着电子和光子的作用方式,因而从一定程度上讲,决定了自然界的面貌。

在现代物理学中,对称性已经成为一个重要思想方法,即对称性指引物理学研究。物质波概念,相对论理论,规范统一场论等都是这个思想思考下的产物。如果说麦克斯韦是从直接可见的关于电和磁的对称性以及数学形式的对称性方面建立了电磁学理论的话,那么爱因斯坦则是通过对深层的直接经验无法察觉的对称性——规范变换不变性的深刻的理性思考而建立了他的狭义相对论的。爱因斯坦的对称性制约物理定律的思想可以说是20世纪物理学研究方法上的一大飞跃。对称是美的,不对称在物理学中也绝非一定是丑的。破缺、失稳、混沌在一定条件下给人以美感,现代物理学同样爱好它们。

四、奇异美

奇异美是指物理学领域中某些超出常人想象而使人惊奇的

特征，这些特征使审美主体产生强烈的新奇感。一部物理学史，既是一部探索物质结构的历史，也是一部捕捉奇异美、发展奇异美的历史。奇异美包括调和中的奇异与谐调中的破缺。

培根说："没有一个极美的东西不是在调和中有着某些奇异。"奇异与和谐是一对对立而统一的美学范畴。一个新出现的和谐理论总包含某种奇异，而奇异的科学思想和方法只有当它具备和谐性时才能显示其美。重大的奇异性往往导致科学理论的革命，因而，奇异又是向更高级和谐境界发展的标志。

奇异美表现在物理概念、理论、模型等的新颖与新奇，表现在它们能够巧妙地解释物理现象。奇异美通常是拜新观念所赐。这新观念往往是与我们的一般见识有多多少少的出入，但又觉得不接受不行。比如说反物质、物质波的概念，正反粒子相撞而湮灭的观念等等，都能令人体验到奇异之美。钱德拉赛卡根据广义相对论原理预言：大质量的晚期恒星并不停留在白矮星阶段，而必将在强大引力和爆发压力的作用下进一步塌缩，成为中子星，甚至成为黑洞。这一奇异的思想曾被权威嘲笑为"糟透了"，然而，脉冲星和 X 射线天体的发现却使那个过分离奇的思想成了谐调而美妙的、呈现出"调和中的奇异"的科学真理。预言令人惊讶，因为这就是奇异。后来发现，广义相对论对求解宇宙的极早期仍然有效，这就更令人大吃一惊了。这就是奇异的力量。

物理美的奇异范畴不仅在于调和中的奇异，而且还在于谐调的破缺。谐调的破缺主要表现为非对称性。和谐往往意味着一种动态平衡，而奇异则意味着原有平衡的打破，向新的平衡过渡，显示出动态性。而旧平衡的打破就与非对称有关。杨振宁、李政道就是确定了宇称这种左右对称在某种局部条件下的不存在，在此之后则建立了 CP 联合守恒。一种理论是否具有奇异美，不在于它本身的标新立异，而在于它是否具有建立和谐结构的功能。破缺奇异美就像一尊耸立于艺术领域的断臂维纳斯。

五、多样统一美

多样是指整体中所包含的各部分在形式上相互区别的差异性，体现了各个事物个性的千姿百态和丰富变化；统一是指整体中所包含的各个部分在形式上的某种共同特征，以及它们之间的相互呼应和衬托关系，体现了各个事物共同和整体相联系。如果只有统一，世界是单调乏味、呆板机械的世界；而只有多样，世界是杂乱无章、纷繁散漫的世界。因此，只有把统一与多样综合起来，既要在多样中见统一，又要在统一中见多样，才能使人感到既丰富又单纯、既活泼又有秩序的和谐统一美。

在物理学发展史中，物理学家们在感受自然界多样性的过程中，逐渐认识到自然界的统一性，并执着地追求自身理论的统一。例如牛顿力学把天上、地上的所有物体的机械运动规律都统一起来；麦克斯韦的电磁理论把电、磁、光的运动统一起来；爱因斯坦的相对论把牛顿力学与麦克斯韦电磁理论统一起来；德布洛意的物质波假设和量子力学理论又把粒子运动和波动在新的层次上统一起来；原子、分子结构理论把宇宙万物统一起来；能量概念沟通了力、热、电、磁、光、原子等领域；

质能关系把物质的质量、能量统一起来;各种守恒定律找到了各种运动变化的统一等。

物理概念是反映物理现象和过程的本质属性的思维形式,物理规律是物理现象或过程的本质联系在一定条件下必然发生、发展和变化的规律性的反映,这种本质属性和规律性就是统一。物理学就是要从丰富多彩的多样物理世界中找出其共性的东西。物理学上每一次划时代的统一性科学理论的提出,都会使人们感到自然界那种潜在的奇妙、和谐、统一。多样性统一是人类追求的永恒主题,科学的最终目标就是尽善尽美,因而科学真正的、唯一的目标就是追求统一性的美。彭加勒曾断言:在对科学理论美的特征作出判断时,统一性是最根本的特征。

正如艺术大师罗丹所说:"生活里并不缺少美,缺少的是发现美的眼睛。"同样,在物理教育的方方面面中充满了美学因素,发现、体验并运用这些美学因素,对于我们积极推进新课改、提高教学质量、深化素质教育都有着积极而深远的意义。

参考资料

[1] 闫桂琴. 中学物理教学论 [M]. 北京:北京师范大学出版社,2010.

[2] 朱荣华. 物理学基本概念的发展历史 [M]. 北京:冶金工业出版社,1987.

[3] 余冠英. 中国古代山水诗鉴赏辞典 [M]. 南京:江苏古籍出版社,1989.

一道典型物理问题的多解与点评

在"新课程、新教材、新高考"形势下,基于"大单元教学思想",立足于课堂,培养学生的创造性思维尤为重要。

一、创造性思维

创造性思维,是适于解决新问题的想象或形成创造活动心像的思维。它一方面与一般思维有共同之处,同时又有其不同于一般思维的特点。创造性思维不仅能揭示客观事物的本质和内在联系,而且在此基础上能产生出新颖的、前所未有的、独特的思维成果。可见,创造性思维是创造力的核心,它包括发散思维、辐合思维、直觉、顿悟、灵感等成分。

创造性思维是以前人的认识为基础,由群体智慧的广泛交流,再经过个人的深加工,而形成的独到的新意卓识,它不仅具有新颖性、独创性,而且还带有个人色彩。

学生的创造性思维是指通过自己的智能去发现并掌握他前所未知的知识技能,并在实践中运用的思维。这些知识技能尽管是前人的思维成果,但对学生却是新颖的,中学生获得这样的成果,便体现了他们进行的是创造性思维。当然,这一般是属于初级的创造性思维。

在物理教学中,学生表现出的创造性思维是多方面的。例如:

(1) 提出带有探索性的新颖问题。

(2) 解题方法有所创新，或能一题多解。

(3) 能把所学知识归纳整理，使自己在学法上有所创新。

(4) 在实验、制作、论文中展现新的见解。

二、典例分析

笔者以一道典型的物理试题为切入点，结合教学实践的切身体会，针对一题多解，阐述如何在高中物理教学中培养学生的创造性思维能力。

【经典回放】 如图所示，在光滑的水平轨道上有两个半径都是 r 的小球 A 和 B，质量分别为 m 和 $2m$；当两球心间的距离大于 L（L 比 $2r$ 大得多）时，两球之间无相互作用力；当两球心间的距离等于或小于 L 时，两球间存在相互作用的、恒定的、大小为 F 的斥力。设 A 球从远离 B 球处以速度 v_0 沿两球球心连心线向原来静止的 B 球运动，如图所示。欲使两球不发生接触，v_0 必须满足什么条件？

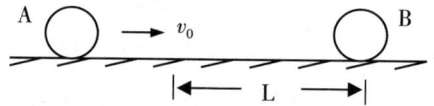

[思路点拨] 一般来说，不论采用何种格式，都应该鼓励学生从以下几个环节开展思考。

(1) 本题属于典型的追及相遇问题，可从两球"恰好接触，但不相撞的'临界状态'"入手。

(2) 解决本题，尤其要关注"当两球心间的距离等于 L 时，两球间才开始出现相互作用的恒定的、大小为 F 的斥力"；

此时，作为"开始计时的'零时刻'"最为恰当。

（3）追及相遇问题首先要满足空间位置关系。即，二者位移 x_A、x_B 大小之差等于原来的间隔距离；考虑到 A、B 两球的大小（均有不为 0 的半径 r），当二者接触时，必满足 $x_A - x_B = L - 2r$。

（4）由于斥力存在，将导致二者相互作用的过程中均做匀变速直线运动；而二者"恰好接触，但不相撞时"，应保证二者"恰好'共速'"，即 $v_A = v_B = v$。

（一）牛顿第二定律与匀变速直线运动规律结合

[解法 1] 常规格式

（1）令两球心间的距离等于 L 时为 $t = 0$ 时刻，并经 t 时间二者恰好相遇，并选 v_0 方向为正方向。

①对 B，I. 由 $a_B = \dfrac{F}{2m}$ 结合题意可知，B 球将沿水平方向向右做初速度为 0 的匀加速直线运动。

II. 其速度和位移分别满足：$v_B = a_B t = \dfrac{F}{2m} t$，$x_B = \dfrac{1}{2} a_B t^2 = \dfrac{F}{4m} t^2$。

②对 A，I. 由 $a_A = -\dfrac{F}{m}$ 结合题意可知，A 球将沿水平方向向右做初速度为 v_0 的匀减速直线运动。

II. 其速度和位移分别满足：$v_A = v_0 + a_A t = v_0 - \dfrac{F}{m} t$，$x_A = v_0 t + \dfrac{1}{2} a_A t^2 = v_0 t - \dfrac{1}{2} \times \dfrac{F}{m} t^2$。

（2）①由题意，二者"恰好相遇"时，$v_A = v_B = v$；可得 $v_0 = \dfrac{3F}{2m}t$。

②由 $x_A - x_B = L - 2r$ 可得，$L - 2r = v_0 t - \dfrac{3F}{4m}t^2$；即 $L - 2r = v_0 t - \dfrac{1}{2} \times \left(\dfrac{3F}{2m}t\right) \times t$。

③利用 $v_0 = \dfrac{3F}{2m}t$ 代入 $L - 2r = v_0 t - \dfrac{1}{2} \times \left(\dfrac{3F}{2m}t\right) \times t$，可得 $L - 2r = v_0 t - \dfrac{1}{2}v_0 t = \dfrac{1}{2}v_0 t$；

即 $t = \dfrac{2(L-2r)}{v_0}$，代入 $v_0 = \dfrac{3F}{2m}t$；可得 $v_0 = \dfrac{3F}{2m} \times \dfrac{2(L-2r)}{v_0}$，

即 $v_0 = \sqrt{\dfrac{3F(L-2r)}{m}}$。

（3）综上所述，欲使两球不发生接触，$v_0 < \sqrt{\dfrac{3F(L-2r)}{m}}$。

[解法2]　数理结合

（1）令"两球心间的距离等于 L 时"为 $t=0$ 时刻，并经 t 时间二者"恰好相遇"，并选 v_0 方向为正方向。

①对 B，Ⅰ．由 $a_B = \dfrac{F}{2m}$ 结合题意可知，B 球将沿水平方向向右做初速度为 0 的匀加速直线运动。

Ⅱ．其位移满足：$x_B = \dfrac{1}{2}a_B t^2$，即 $x_B = \dfrac{F}{4m}t^2$。

②对 A，Ⅰ．由 $a_A = -\dfrac{F}{m}$ 结合题意可知，A 球将沿水平方向

向右做初速度为 v_0 的匀减速直线运动。

Ⅱ．其位移满足：$x_A = v_0 t + \frac{1}{2}a_A t^2$，即 $x_A = v_0 t - \frac{1}{2} \times \frac{F}{m}t^2$。

（2）①由题意，二者"相遇"时，应满足 $x_A - x_B = L - 2r$ 可得，$L - 2r = v_0 t - \frac{3F}{4m}t^2$。

②由上式可得，$\frac{3F}{4m}t^2 - v_0 t + (L - 2r) = 0$，这是形如 $ax^2 + bx + c = 0$ 关于时间 t 的一元二次方程。

③由 A、B "恰好相遇"应满足的物理条件，结合一元二次方程根的判别式 $\Delta = b^2 - 4ac = 0$ 可知 $(-v_0)^2 - 4 \times \frac{3F}{4m} \times (L - 2r) = 0$；即，$v_0 = \sqrt{\frac{3F(L - 2r)}{m}}$。

（3）综上所述，当初速度满足 $v_0 < \sqrt{\frac{3F(L - 2r)}{m}}$ 时，两球不发生接触。

[**解法**3] 利用 v-t 图像解题

（1）令"两球心间的距离等于 L 时"为 $t = 0$ 时刻，并经 t_0 时间二者"恰好相遇"，并选 v_0 方向为正方向。

①对 B，Ⅰ．由 $a_B = \frac{F}{2m}$ 结合题意可知，B 球将沿水平方向向右做初速度为 0 的匀加速直线运动。

Ⅱ．其速度满足：$v_B = a_B t = \frac{F}{2m}t$。

②对 A，Ⅰ．由 $a_A = -\frac{F}{m}$ 结合题意可知，A 球将沿水平方向

向右做初速度为 v_0 的匀减速直线运动。

Ⅱ. 其速度满足：$v_A = v_0 + a_A t = v_0 - \dfrac{F}{m} t$。

（2）①由题意，二者"恰好相遇"时，$v_A = v_B = v$，

可得 $v_0 = \dfrac{3F}{2m} t_0$，即 $t_0 = \dfrac{2mv_0}{3F}$。

②据此，建立 v–t 图像，分别如图中 A、B 所示。其中 t_0 时刻 A、B "恰好相遇"。

③由 v–t 图像物理意义可知，图像与时间轴包围的面积代表研究对象在该过程发生的位移；而二者各自发生位移之差，即为 A、B 图像包围的三角形面积，也就是 $x_A - x_B = \dfrac{1}{2} v_0 t_0$。

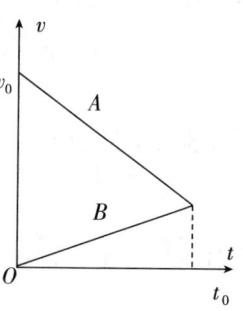

④由 $x_A - x_B = L - 2r$ 结合 $x_A - x_B = \dfrac{1}{2} v_0 t_0$，可得 $L - 2r = \dfrac{1}{2} \times v_0 \times \dfrac{2mv_0}{3F}$；即 $v_0 = \sqrt{\dfrac{3F(L-2r)}{m}}$。

（3）综上所述，当初速度满足 $v_0 < \sqrt{\dfrac{3F(L-2r)}{m}}$ 时，两球不发生接触。

学生们发现，以上三种解题格式的共同之处都是牛顿第二定律和匀变速直线运动规律的结合。它们既强调了运动和力的关系，也深入考察了运动规律，还强化了数理结合应该发挥的作用；既体现了学科内综合的特质，也充分反映了作为高考压

卷题的辐射功能。

总之，牛顿第二定律揭示了力的瞬时对应关系，在研究某一物体或某一物体系所受力的瞬时作用与物体或物体系运动的关系时，或者物体受恒力作用，并且又直接涉及物体（系）运动过程中的加速度问题时，通常要采用运动学规律和牛顿第二定律相结合的方式。

（二）拓展提高

我们知道，牛顿在《自然哲学的数学原理》中，不仅阐述了著名的三大运动定律，还进一步总结了"力的平行四边形定则""动量守恒""质心运动""相对性原理""力系的等效原理"等六条重要推论，论述了碰撞问题，提出了非弹性碰撞的恢复系数、牛顿公式等。所有这些，连同对天上地上运动问题的解决，使三大定律立即显现出巨大的魅力，构建了经典力学的基本体系。

1. 在牛顿的三大定律之中，第一定律是基础，第二定律是核心，第三定律是补充，它们互相支撑、各放异彩。其中，第一定律只适用于"惯性参考系"，而第二定律不仅适用于惯性参考系，还能在合外力不等于零的条件下，完美地结合"非惯性参考系"，这就为我们解决运动和力的关系问题提供了更多的想象空间。运动是绝对的，静止是相对的，运动又具有相对性。据此，我们可以通过恰当选取参考系来分析解决本题。

1. ["相对"运动专题解析]

[**解法1**]

（1）选初速度 v_0 方向为正方向，当二者间距 $\Delta x = L - 2r$ 时，

— 教育创新文丛 —

A、B 分别以加速度 $a_A=-\dfrac{F}{m}$ 和 $a_B=\dfrac{F}{2m}$ 开始做匀变速直线运动。

①A 相对于 B 的加速度 $a_{相}=a_A-a_B$；即 $a_{相}=-\dfrac{F}{m}-\dfrac{F}{2m}=-\dfrac{3F}{2m}$，负号"-"表示 $a_{相}$ 沿负方向。

②A 相对于 B 的初速度 $v_{相0}=v_0-0=v_0$，沿正方向。

即，A 相对于 B 沿 v_0 方向做匀减速直线运动。

（2）二者"恰好相遇"时，

①$v_A=v_B$；即，此时 A 相对于 B 的末速度 $v_{相}=0$；

②A 相对于 B 的位移 $x_{相}=x_A-x_B=L-2r$。

（3）由"$v_{相}^2-v_{相0}^2=2a_{相}x_{相}$"可得 $v_0=\sqrt{\dfrac{3F(L-2r)}{m}}$；当初速度满足 $v_0<\sqrt{\dfrac{3F(L-2r)}{m}}$ 时，两球不发生接触。

[解法2]

（1）选初速度 v_0 方向为正方向，当二者间距 $\Delta x=L-2r$ 时，

A、B 分别以加速度 $a_A=-\dfrac{F}{m}$ 和 $a_B=\dfrac{F}{2m}$ 开始做匀变速直线运动。

①A 相对于 B 的加速度 $a_{相}=a_A-a_B$；即 $a_{相}=-\dfrac{F}{m}-\dfrac{F}{2m}=-\dfrac{3F}{2m}$，负号"-"表示 $a_{相}$ 沿负方向。

②A 相对于 B 的初速度 $v_{相0}=v_0-0=v_0$，沿正方向。

即，A 相对于 B 沿 v_0 方向做匀减速直线运动。

（2）二者"恰好相遇"时，

①$v_A=v_B$；即，此时 A 相对于 B 的末速度 $v_{相}=0$。

A 相对于 B 的平均速度 $\overline{v_{相}} = \frac{1}{2}(v_{相0}+v_{相}) = \frac{1}{2}v_0$。

② A 相对于 B 的位移 $x_{相} = x_A - x_B = L - 2r$。

（3）由 "$x_{相} = \overline{v_{相}}t$" 可得 $t_0 = \frac{x_{相}}{\overline{v_{相}}} = \frac{2(L-2r)}{v_0}$；而 $v_{相} = v_{相0} + a_{相}t_0$，即 $0 = v_0 - \frac{3F}{2m} \times \frac{2(L-2r)}{v_0}$。

① 因而 $v_0 = \sqrt{\frac{3F(L-2r)}{m}}$。

② 故当初速度满足 $v_0 < \sqrt{\frac{3F(L-2r)}{m}}$ 时，两球不发生接触。

2. [动量定理与动能定理结合]

动量和动能都与物体的某一运动状态相对应，它们都是状态量。动量是矢量，动能是标量。物体动量变化时，动能不一定变化；但动能变化时，动量一定发生变化。质量为 m 的物体的动量（p）与动能（E_k）的大小关系为：$p^2 = 2mE_k$。由此可见，动能相等的两物体，质量大的动量大。

动量定理：物体所受合外力的冲量等于物体动量的变化量，即 $Ft = mv_2 - mv_1$。动量定理的研究对象既可以是单个物体，也可以是多个物体组成的系统；它不仅适用于短时间受力作用的物体，而且适用于长时间受到力作用的物体。动量定理的数学表达式是矢量方程，即表示动量变化的方向与冲量方向相同；动量定理的数学表达式同时又是过程方程，即动量的变化和冲量均为过程量而非状态量。由动量定理可得：$F = \frac{\Delta p}{\Delta t}$，表明物体

所受的合外力等于物体动量的变化率,这是牛顿第二定律的另一种表达形式。

动能定理:合外力对物体所做的功等于物体动能的变化,即 $W=E_{k2}-E_{k1}$,其研究对象通常是单一物体,或是可以看作单一物体的物体系统。它既适用于物体的直线运动,也适用于物体的曲线运动;既适用于恒力做功,也适用于变力做功;既可以同时作用,也可以分段作用;既可以分段列式,还可以全程列式。

简而言之,物体动量的变化可用所受合外力的冲量来量度,而物体动能的变化可用合外力对物体所做的功来量度。

[**解析**]　(1)①选初速度 v_0 方向为正方向。

②二者经时间 t_0 "恰好相遇"而不相撞,此时 $v_A=v_B$,可令 $v_A=v_B=v$。

③对 A、B 分别施用动量定理如下:$-Ft_0=mv-mv_0$,$Ft_0=(2m)v-0$。

联立可得,$v=\dfrac{1}{3}v_0$。

(2)对 A、B 分别施用动能定理如下,其位移分别为 x_A、x_B。

$$-Fx_A=\dfrac{1}{2}mv^2-\dfrac{1}{2}mv_0^2,\quad Fx_B=\dfrac{1}{2}(2m)v^2-0。$$

其中 $x_A-x_B=L-2r$。

可得 $F(L-2r)=\dfrac{1}{2}mv_0^2-\dfrac{1}{2}(m+2m)v^2$,结合 $v=\dfrac{1}{3}v_0$ 可知

$F(L-2r) = \frac{1}{3}mv_0^2$，即 $v_0 = \sqrt{\frac{3F(L-2r)}{m}}$

（3）欲使两球不发生接触，应保证 $v_0 < \sqrt{\frac{3F(L-2r)}{m}}$。

总之，动量定理反映了力对时间的累积效应，适用于不涉及物体运动过程中的加速度却不能回避运动时间的问题；动能定理反映了力对空间的累积效应，对于不涉及物体运动过程中的加速度和时间，而涉及力、位移、速度的问题，无论是恒力还是变力，一般都可以利用动能定理求解。

3. ［动量守恒与能量守恒结合］

动量守恒定律：系统不受外力或所受外力的合力为零，则系统的总动量保持不变。以两个物体组成的系统为例，常见的三种动量守恒的数学表达式有：$p = p'$，$\Delta p_1 = -\Delta p_2$，$m_1 v_{01} + m_2 v_{02} = m_1 v_1 + m_2 v_2$。通常，动量守恒定律的应用要注意 4 点：①矢量性、②瞬时性、③相对性、④普适性。能够利用动量守恒定律解决的问题，通常要满足的条件如下：①系统所受合外力为零——"严格守恒"；②系统所受合外力远小于系统内物体间的相互作用力——"近似守恒"；③系统在某一方向上符合以上某一条件——"分动量守恒"。

能量转化和守恒定律：我们熟悉的动能定理、机械能守恒定律和功能关系，其实是不同背景、不同条件下的能量转化和守恒定律的具体体现。其中，机械能守恒定律是能量转化和守恒定律在机械运动中的特殊表述，它反映的是物体初末状态的机械能之间的关系，并且这种"守恒"也是有条件的：系统在

只有重力（或系统内弹力，如轻弹簧弹力）做功的前提下，它的动能和势能（重力势能、弹性势能）相互转化，但总的机械能守恒。常用的表达式有 $E_{k1}+E_{p1}=E_{k2}+E_{p2}$（单个物体），或 $\Delta E_p=-\Delta E_k$（单个物体），或者 $\Delta E_A=-\Delta E_B$（由 A、B 组成的系统）；而判断机械能是否守恒，常可以利用以下三种方法：①利用"做功"判断，若只有重力（或轻弹簧弹力）做功，或者其他力做功的代数和为零，则机械能守恒；②用"能量转化守恒"判断，若物体系统中只有动能和势能的相互转化，而无机械能与其他形式的能量转化，则机械能守恒；③对于，如"绳子突然绷紧"、物体间"非弹性碰撞"等问题，机械能一定不会守恒。

[解析]　（1）显而易见，A、B 系统所受外力合力为零，系统动量守恒。

①选初速度 v_0 方向为正方向。

②二者"恰好相遇"而不相撞时，$v_A=v_B$，可令 $v_A=v_B=v$。

③由 $mv_0=(m+2m)v$，可得 $v=\dfrac{1}{3}v_0$。

（2）该过程，系统克服恒定的斥力 F 做功，导致系统的机械能减少。

①A 相对于 B 的位移 $x_{相}=x_A-x_B=L-2r$；

②由能量守恒可知 $Fx_{相}=\dfrac{1}{2}mv_0^2-\dfrac{1}{2}(m+2m)v^2$。

（3）①联立以上各式可得 $v_0=\sqrt{\dfrac{3F(L-2r)}{m}}$；

②故当初速度满足 $v_0 < \sqrt{\dfrac{3F(L-2r)}{m}}$ 时，两球不发生接触。

通过这种格式，学生们不难发现，动量守恒定律和能量守恒定律既有相似之处，又有严格区别。

1. 相似之处

（1）两个定律都是用"守恒量"来表示自然界的变化规律，研究对象均为物体系。运用"守恒量"表示物体系运动状态的变化规律是物理研究的重要方法。

（2）动量守恒定律是在一定条件下才成立的，但能量转化与守恒定律却具有普适性。它们都是利用某一运动过程中前后两个状态的守恒量相等来表示物体系的规律特征的。因此，它们的表达式是相似的，且它们的表达式均有多种形式。

（3）运用两个守恒定律解题都要注意其整体性（不是其中一个物体）、相对性（表达式中的速度和其他有关物理量必须是相对同一参考系，通常是惯性参考系）、阶段性（满足条件后，各过程的始末状态守恒量均守恒）；求解问题时，都只需考虑运动的初状态和末状态，而不必考虑之间的细节与过程。

2. 不同之处

（1）守恒量不同。动量守恒定律针对的守恒量是动量，能量守恒定律对应的是不同形式的能量。

（2）守恒条件不同。动量守恒定律的适用条件是系统不受外力（或系统在某一方向上不受外力），或者系统所受外力的合力等于零。或者系统所受合外力远小于系统内各物体之间的内力；而能量转化与守恒无处不在、无时不在，能量转化与守

恒定律具有普适性，其特例如机械能守恒定律适用的条件却是只有重力或系统内弹力（如轻弹簧弹力）或者是只有重力和系统内弹力（如轻弹簧弹力）做功。

（3）表达式不同。动量守恒定律的表达式是一个矢量式，而能量转化和守恒定律的表达式却是一个标量式。

总之，若研究对象为多个物体组成的物体系，且它们之间有相互作用，一般要优选两个"守恒定律"去解决问题，但必须注意研究对象是否满足定律的守恒条件。在涉及"相对位移"问题时，则优先考虑能的转化和守恒定律，即系统克服内力（如滑动摩擦力、本题中 A、B 之间相互作用的恒定斥力 F）所做的总功等于系统机械能的减少量，系统的机械能转化为系统的内能；在涉及极短时间内发生的，诸如碰撞、爆炸、打击、轻绳绷紧等物理现象和板块模型时，必须注意到这些背景一般均隐含机械能与其他形式的能量之间的转化，动量守恒定律通常大有作为。

经过三节课的研讨，学生们达成共识，从力学规律的优选策略来看，针对动力学问题，如果直接用牛顿定律解决问题，需要分析过程中各种力的作用，而这些力并非总是恒力。因此，一些难于用牛顿定律解决的问题，应用守恒定律有可能易于解决。利用动量、能量相结合的思维方法可以"避重就轻"，回避运动细节，达到事半功倍的效果，大大提高解题的效率。更重要的是，守恒定律不仅给处理问题带来方便，而且有更深刻的意义。正因为自然界存在着"守恒量"，而且某些守恒定律的适用范围很广，所以，在物理学中寻求"守恒量"已经成为物理学研究的一种重要的思想方法。

在针对如上典型习题教学研讨过程中，笔者支持学生们以小组为单位，预先布置、分组讨论、提出方案、逐一筛选，各组对比、去粗取精……学生们乐于参与，积极热情。最后，各个学习小组都推荐了一名代表，小组代表板演得绘声绘色，有引导、有发问、有释疑、有鼓励。

在物理学习过程中，学生的创造性思维表现是多方面的，教师要重视学生的这种表现，给予支持鼓励。

其实，笔者在教学过程中，始终以物理学科核心素养为指导准则，要求自己"坚持以创新为目标，坚持实施新课程标准，以学生整体发展为基础，以学生个体成材为重点，以学生主体参与为关键，以开放式教育教学活动为重要途径"，始终坚持扮演学生学习的"组织者、引导者、帮助者、支持者"，为培养德、智、体、美等全面发展和个性健康发展，高素质、高层次的新型人才去做积极的尝试和探索。

参考资料

朱荣华. 物理学基本概念的发展历史［M］. 北京：冶金工业出版社，1987.

此文为2021年度黑龙江省教育科学"十四五"规划教研专项课题"核心素养视域下提高高中物理学科教学与学习效果的心理分析研究"（课题编号：JYC1421395）的研究成果之一。

项目竞赛

借助教育部基础教育精品课展示、基础教育教师能力素质提升竞赛交流等平台，促进教师的专业成长，有效开展实质性的讨论与反思，达到教师之间优势互补、互相启发、智慧共享、激发潜能、张扬个性、异中有同、同中求异的境界。

◎**教育部"基础教育精品课"实录**

◎**趣味性、艺术性、数理结合的高效物理课堂践行实录**
——基于STEAM教育理念的多领域融合的物理教学

教育部"基础教育精品课"实录

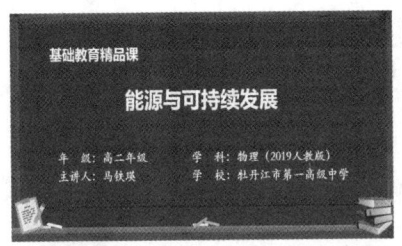

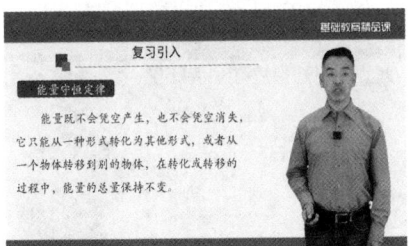

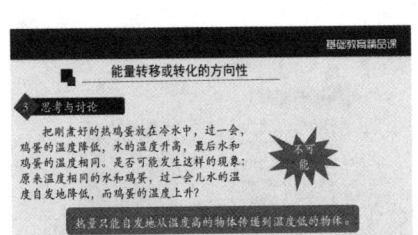
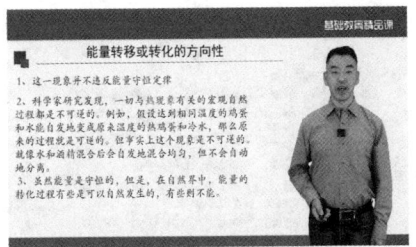

基础教育精品课
能量转移或转化的方向性——能量的耗散
1 燃料燃烧
燃料燃烧时一旦把热量释放出去，就不会再次自动聚集起来供人类重新利用。还有，一个运动的物体在水平面上滑行，最终停下来，这个过程中物块的机械能全部转化为内能。反过来，内能全部转化为机械能让物体重新运动起来是不会实现的。

基础教育精品课
能量转移或转化的方向性——能量的耗散
2 灯泡照明
电池中的化学能转化为电能，电能又通过灯泡转化为内能和光能，热和光被其他物质吸收之后变成周围环境的内能，我们很难把这些内能收集起来重新利用。这种现象叫做能量的耗散。

基础教育精品课
能量转移或转化的方向性——能量的耗散
3 能源危机
能量的耗散表明，在能源的利用过程中，能量在数量上虽未减少，但在可利用的品质上降低了，从便于利用的能源变成不便于利用的能源。
这是能源危机的深层次的含义，也是自然界的能量虽然守恒，但还是要节约能源的根本原因。
便于利用的能源
不便于利用的能源

基础教育精品课
能量转移或转化的方向性——能量的耗散
? 练习与思考1
“落叶永离、覆水难收；
欲死灰之复燃，艰乎其力；
愿破镜之重圆，冀也无端；……”

基础教育精品课
能量转移或转化的方向性——能量的耗散
? 练习与思考2
书李世南所画秋景二首
宋代 · 苏轼
……
人间斤斧日创夷，
谁见龙蛇百尺姿。
不是溪山成独往，
何人解作挂猿枝。

基础教育精品课
能量转移或转化的方向性——能量的耗散
人们利用斧头长年不息地砍伐山上的树木，再也难见那龙蛇般蜿蜒的百尺身姿。
如果不是这里山险滩急，少人来往，树木一旦被砍，就没有人知道，这本是猿猴栖息的树枝。

基础教育精品课
能量转移或转化的方向性——能量的耗散
“……人间斤斧日创夷……”，既有凄婉无奈的情怀，又昭示了自然界的一切宏观过程都具有方向性--珍惜生命、热爱自然、保护环境、节约能源。
能量的耗散是从能量转化的角度反映出自然界中的宏观过程具有方向性。能源的利用是有条件的，也是有代价的。

基础教育精品课
能源的分类与应用——分类
1 不可再生能源
煤炭、石油和天然气是目前人类生产、生活中使用的主要能源，这类能源又叫作化石能源。化石能源无法在短时间内再生，这类能源被叫作不可再生能源。
2 可再生能源
水能和风能等能源，归根结底来源于太阳能。这些能源在自然界可以再生，叫作可再生能源。

基础教育精品课
能源的分类与应用
能源的分类
按生产方式分类
一次能源（自然界本来就有的能源）
可再生能源 水能、太阳能、风能等
不可再生能源 煤炭、石油、天然气等
二次能源（由一次能源加工而成）
电力、煤气、柴油、汽油、沼气等
按开发时间分类
常规能源 水能、煤气、石油、天然气等
新能源 太阳能、风能、地热能、海洋能、核能等
从环保角度分类
污染型能源 煤炭、石油等
清洁型能源 水能、太阳能、风能、核能等

基础教育精品课
能源的分类与应用——应用
1 太阳能发电
太阳能的利用对环境的影响很小。利用太阳能最有前途的领域是通过太阳能电池将太阳能直接转化成电能。目前我国是最大的光伏产品制造国。2015年年底，我国太阳能光伏发电累计并网容量达到 4.158×10^{7} kW。

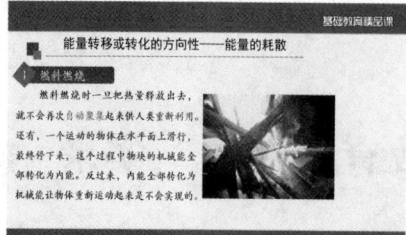

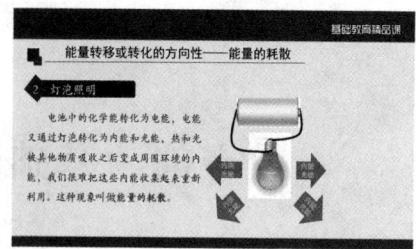

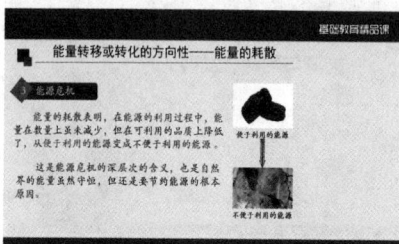

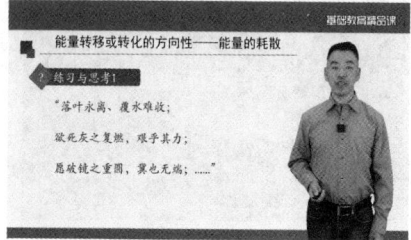

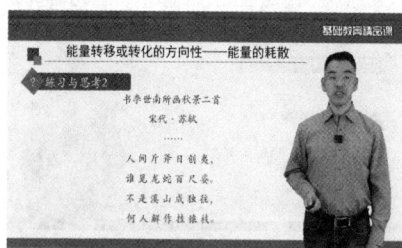

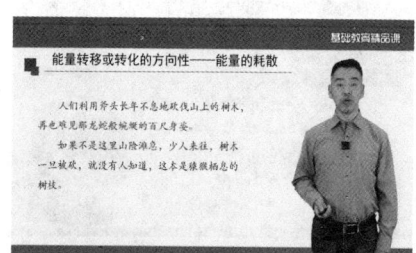

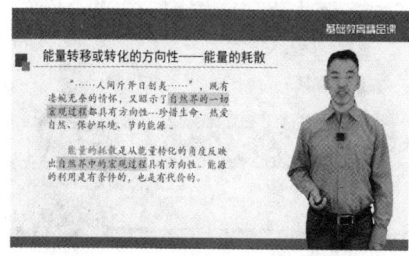

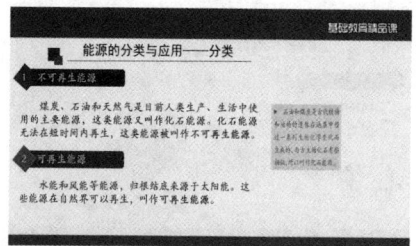

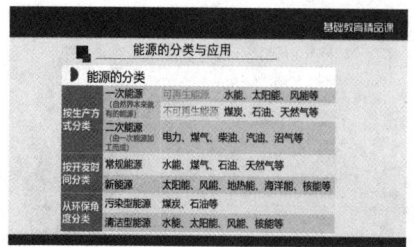

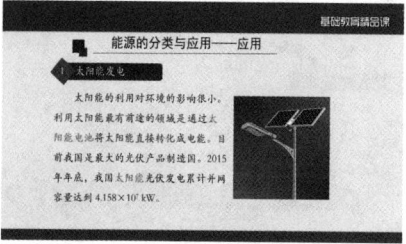

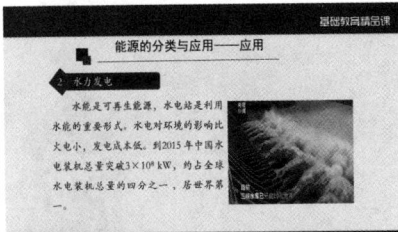
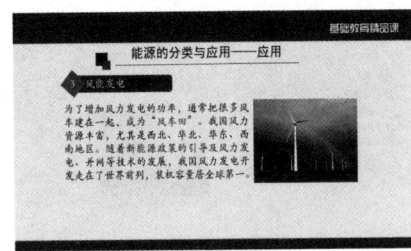
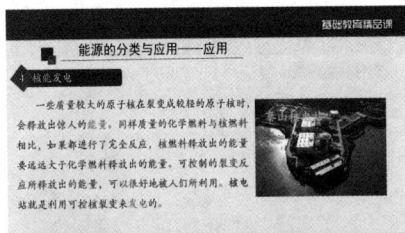
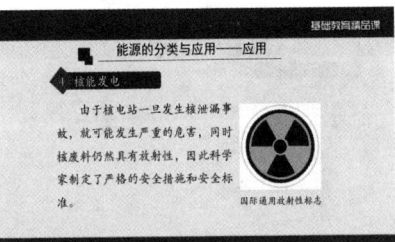
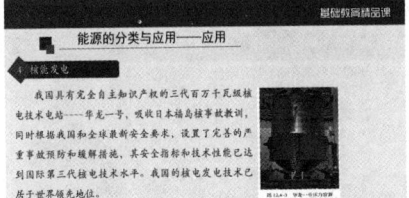
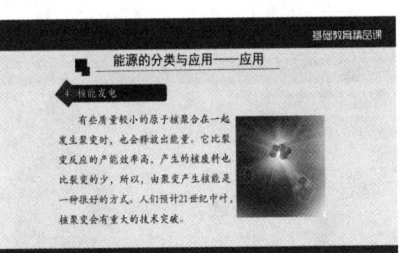
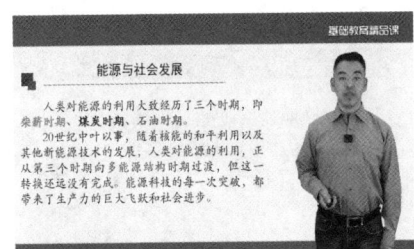

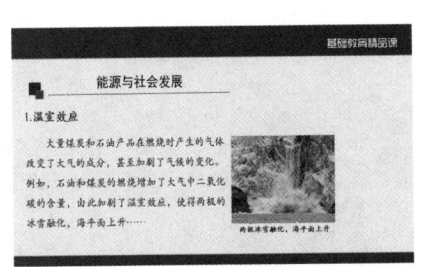
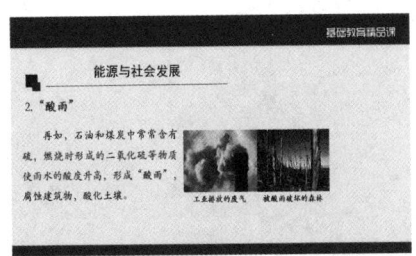

基础教育精品课
能源与社会发展
3.光化学烟雾
内燃机工作时的高温使空气和燃料中的多种物质发生化学反应，产生氮的氧化物和碳氢化合物。这些化合物在大气中受到紫外线的照射，产生二次污染物质——光化学烟雾。这些物质有毒，会引起人的多种疾病。燃烧时产生的浮尘也是主要的污染物。
城市机动车尾气污染

基础教育精品课
能源与社会发展
可持续发展的核心是追求发展与资源、环境的平衡：既满足当代人的需求，又不损害子孙后代的需求。这就需要树立新的能源安全观，并转变能源的供需模式。一方面要大力提倡节能，另一方面要发展可再生能源以及天然气、清洁煤和核能等在生产及消费过程中对生态环境的污染程度低的清洁能源，推动形成人与自然和谐发展的生态文明。

基础教育精品课
练习与思考3
练习与应用
3. 图12.4-6是某工程师的轻轨车站设计方案，与站台前后连接的轨道都有一个小坡度，列车进站时要上坡，出站时要下坡。假设站台高度比途中轨道高出2 m，列车在途中轨道进站前的速度为29.2 km/h。
(1)此时切断电源，不考虑阻力，列车能否“冲”上站台？如果能，到达站台上的速度是多大？ g取10 m/s²。
(2)你认为工程师这样设计的意图是什么？

基础教育精品课
练习与思考3
[解析]
(1)①由题意可知，切断电机电源的列车在运动中机械能守恒。
②要使列车冲上站台，其重力势能需增加$\Delta E_p=mgh$，$h=2(m)$，
而$\Delta E_p=mgh=20m(J)$
③列车进站前的动能$E_{k1}=\frac{1}{2}mv_1^2$，
即$E_{k1}=\frac{1}{2}mv_1^2=32.90m(J)$
④∵$E_{k1}>\Delta E_p$，∴由此可知，列车依靠惯性即可“冲”上站台。
⑤由机械能守恒定律可知：$\Delta E_p=E_{k1}-E_1$，即$E_1=E_{k1}-\Delta E_p$，
则，$E_1=32.90m-20m=\frac{1}{2}mv^2$，$v=5.08(m/s)$。
综上所述，列车能“冲”上站台，它到达站台的速度

基础教育精品课
练习与思考3
(2)工程师这样设计，在保证车辆和乘客安全的前提下，尽可能科学地利用能量转化，让车辆的一部分动能转化为车辆的重力势能，使得车辆行驶速度降到一个安全合理的范围，减少因为刹车造成的能量浪费，从而达到科学合理利用能量、节约能源的目的。

基础教育精品课
总结学习成果——忆重难点，绘结构图
本节的重点和难点是通过本节的学习，期待同学们认识到目前面临的能源与环境问题，理解这两个社会问题产生的原因，使同学们理解开发利用清洁能源的价值，在理解科学·技术·社会·环境(STSE)关系的基础上，形成应有的科学态度和社会责任感。

基础教育精品课
总结学习成果——忆重难点，绘结构图
能源与可持续发展
一、能量转移或转化的方向性
能量的耗散 两个渠道 ⇒
能量转移-例如：热传递
能量转化-例如：做功
自然界中的宏观过程具
二、能源的分类与应用
1、可再生能源-例如：水能和风能等；不可再生能源-例如：
2、太阳能发电、水力发电、风能发电、核能发电
三、可持续发展的核心：追求发展与资源、环境的平衡
1、大力提倡节能
2、发展可再生能源和清洁能源

基础教育精品课
课后作业
1、基础性作业：“教材”第99页“练习与应用”
—第2、第4、第5、第6题。
2、拓展性作业：“教材”第98页“STSE 汽车和能源”
(1)查找与“93号汽油”的密度、燃烧值相关的信息；以80km/h的速度行驶时，百公里油耗约10L。求汽车消耗的总功率。
(2)由材料中提供的数据计算汽车的效率。
(3)由材料中提供的数据计算汽车发动机工作时产生的牵引力。
(4)汽油的化学能最终转化为什么能？
(5)为什么说汽车给我们的生活带来便利的同时，会给环境带来污染？

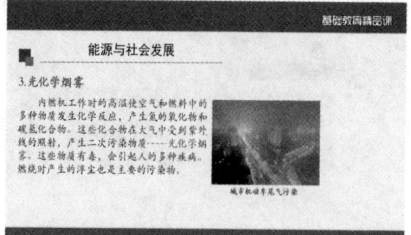

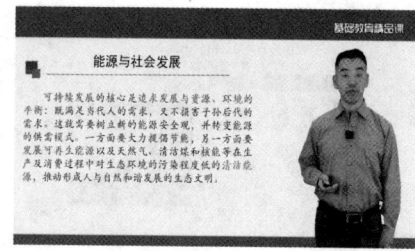

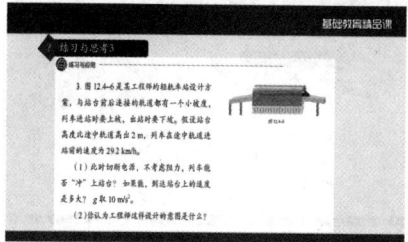

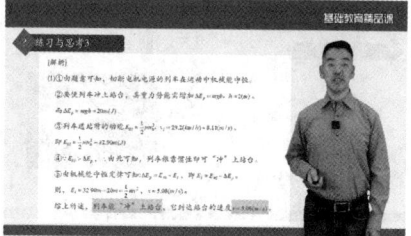

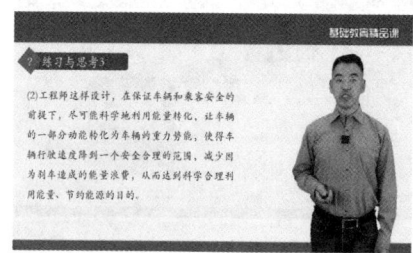

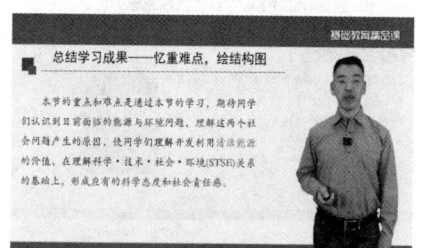

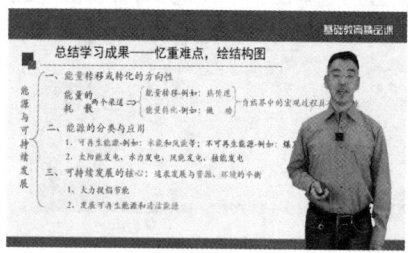

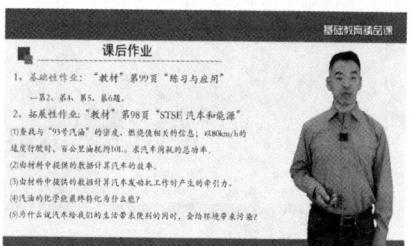

教学设计

课程基本信息					
学科	物理	年级	高二年级	学期	秋季
课题	能源与可持续发展				
教科书	书　名：普通高中教科书物理必修第三册 出版社：人民教育出版社　　出版日期：2019 年 6 月				

教学目标

1. 通过布置预习任务，请学生列举各种实例，说明能量是如何转化的，解释能量守恒定律的含义，为顺利进入本课学习做好准备。

2. 通过实例分析知道能量的耗散，认识自然界中的能量转化的方向性。

3. 收集资料，讨论能源的开发与利用所带来的环境污染问题，认识环境污染的危害，思考 STSE 协调发展的关系，具有环境保护的意识和行动。

4. 了解太阳能、水能、核能和风能等能源的开发和利用，知道利用能量是人类生存和社会发展的必要条件之一。知道人类利用的能量来自可再生能源和不可再生能源，认识合理使用能源的重要性，具有可持续发展观念，养成节能的习惯。

教学内容

教学重点：

1. 能量的耗散从能量转化的角度反映出自然界的宏观过程具有方向性。

2. 让学生认识到目前面临的能源与环境问题，有效开发和利用可再生能源。

教学难点：

1. 理解能源与环境这两个社会问题产生的原因。

2. 使学生理解开发利用清洁能源的价值，在理解 STSE 关系的基础上，形成应有的科学态度和社会责任感。

教学过程

1. 在预习的基础上,通过列举不同形式的能量转化,解释能量守恒定律的含义。

2. 设问"……为什么我们还要节约能源呢?"

①利用教材第 93 页"思考与讨论"以及其他实例,从热传递和做功两个角度引入能量的耗散,认识能源危机的深层次含义;

②利用简明的图片渲染课程内容;

③利用古诗词,设置课堂练习,教师先做示范,节奏分明朗读,充分发挥德育的功能,多维度阐释能量转移或转化的方向性。

3. 充分利用教材资源和简单明快的 PPT 课件

①让学生知道可再生能源与不可再生能源;

②通过对太阳能、水能、风能以及核能开发和利用的介绍,让学生了解近年来我国在能源开发方面取得的巨大成就,激发学生的爱国情怀和民族自豪感。

4. 通过引导学生阅读,让学生认识到能源科技的每一次突破都带来了生产力的巨大飞跃和社会的进步。

(1) 能源短缺和过度使用化石能源带来的环境恶化:①温室效应;②酸雨;③光化学烟雾。

(2) 可持续发展的核心是追求发展与资源、环境的平衡。应树立新的能源安全观,并转变能源的供需模式。

①大力提倡节能;

②发展可再生能源和清洁能源。

5. 就地取材,充分发挥教材的优势和功能,在学生普遍预习的基础上,引导学生针对"练习与应用"第 3 题进行思考,进一步加深对机械能守恒定律的认识,夯实学生的基本计算能力和物理说理能力,增强节约能源意识,培养学生的社会参与意识和社会责任感。

6. 利用简洁明快的课堂小结和课程结构图帮助学生进一步提高认识，鼓励学生发表自己的见解，启发学生进行相关的思考。

7. 布置作业：基础性作业和拓展性作业

①基础性作业，来源于教材"练习与应用"，既是对本节学习的归纳和总结，也是物理素养养成的基本训练。

②拓展性作业，来源于教材"STSE 汽车与能源"。一方面通过引导学生分析汽车带来的问题和解决策略，培养学生辩证地看待问题，认识科技的本质；另一方面，教师为这部分

作业又引入了新的元素，鼓励学生收集资料，培养学生学科内综合的学习能力。

本节课的教学设计，主要体现在课前布置预习和自学，分几个专题以学习小组为单位布置学生查找资料；学生通过自己的独立思考，归纳、总结并提出自己的看法、体会；在此基础上，教师和学生共同归纳整理，提炼有价值的信息，重点体现教材资源，形成本节课呈现的课堂资源，并由教师以微课的形式展示出来。

在涉及科学技术与社会的问题时，重要的是启发学生进行这方面的思考，鼓励学生发表自己的见解。不要求学生提出有很高价值的意见，更不宜过多地评价见解的对与错。

该教学设计所利用图片和部分动画引自人民教育出版社《普通高中教科书物理必修第三册》、央视网及摄图网。

备注：教学设计应至少含教学目标、教学内容、教学过程等三个部分，如有其他内容，可自行补充增加。

学习任务单

课程基本信息			
学科	物理	年级	高二年级	学期	秋季
课题	能源与可持续发展			
教科书	书　名：普通高中教科书物理必修第三册 出版社：人民教育出版社　　出版日期：2019 年 6 月			
学生信息			
姓名	学校	班级	学号
	牡丹江市第一高级中学	高二 10 班、高二 16 班	
学习目标			

1. 通过实例分析知道能量的耗散，认识自然界中的能量转化的方向性。

2. 收集资料，讨论能源的开发与利用所带来的环境污染问题，认识环境污染的危害，思考 STSE 协调发展的关系，具有环境保护的意识和行动。

3. 了解太阳能、水能、核能和风能等能源的开发和利用，知道利用能量是人类生存和社会发展的必要条件之一。知道人类利用的能量来自可再生能源和不可再生能源，认识合理使用能源的重要性，具有可持续发展观念，养成节能的习惯。

课前学习任务

1. 通过布置预习任务，请学生列举各种实例，说明能量是如何转化的，解释能量守恒定律的含义，为顺利进入本课学习做好准备。

2. 分几个专题以学习小组为单位布置学生查找资料；学生通过自己的独立思考、归纳、总结并提出自己的看法、体会；在此基础上，教师和学生共同归纳整理，提炼有价值的信息。

3. 预习并自我训练教材第 99 页"练习与应用"第 3 题，并由学习小组推荐格式清晰合理有据的解答作为课堂练习解析的范例。

【学习任务一】	课上学习任务

1. 进一步强化能量守恒定律的含义。

2. 知道一切与热现象有关的宏观自然过程都是不可逆的。

3. 知道能量的耗散是能源危机的深层次的含义，还是要节约能源的根本原因。

4. 认识能量的耗散从能量转化的角度反映出自然界的宏观过程具有方向性。

【学习任务二】

1. 知道可再生能源和不可再生能源，了解我国在能源开发方面取得的成就。

2. 了解有代表性的环境污染：温室效应、酸雨和光化学烟雾。

推荐的学习资源

1. 利用人民教育出版社（2019年6月出版）的《普通高中教科书物理》必修第一册、必修第二册、必修第三册以及选择性必修第一册、选择性必修第二册和选择性必修第三册，课上课下相结合，充分阅读，收集整理与"能源与可持续发展"相关的知识信息。

2. 有条件的学生也可以通过教科版、粤教版、鲁科版以及沪科教版等不同版本的教材获取相关信息，并加以对比。

作业练习

课程基本信息						
学科	物理	年级	高二年级	学期	秋季	
课题	能源与可持续发展					
教科书	书　名：普通高中教科书物理必修第三册 出版社：人民教育出版社　　　　出版日期：2019 年 6 月					
学生信息						
姓名	学校		班级		学号	
	牡丹江市第一高级中学		高二 10 班、高二 16 班		
作业练习						

一、基础性作业：教材第 99 页"练习与应用"——第 2、第 4、第 5、第 6 题。

　　说明：①第 2 题要求学生观察生活中各种常见的用品，探讨其背后进行了哪些能量转化，有利于学生体会能量转化的途径；

　　②第 4 题要求学生在题目条件的背景下建立正确的物理模型；

　　③第 5 题则是关于太阳能热水器的应用题，在解题过程中培养理论联系实际的良好习惯，促进学生主动思考能源与环境、能源与社会发展等问题；

　　④第 6 题以三峡水力发电站为背景，要求在正确理解能量转化关系的基础上计算三峡发电站的发电最大功率及供电能力。

二、拓展性作业：教材第 98 页"STSE 汽车和能源"

　　(1) 查找与"93 号汽油"的密度、燃烧值相关的信息；汽车以 80 km/h 的速度行驶时，百公里油耗约 10 L。求汽车消耗的总功率。($P \approx 74$ kW)

　　(2) 由材料中提供的数据计算汽车的效率。($\eta = 12.9\%$)

　　(3) 由材料中提供的数据计算汽车发动机工作时产生的牵引力。($F = 405$ N)

　　(4) 汽油的化学能最终转化为什么能？(最终转化为不便于利用的内能)

　　(5) 为什么说汽车给我们的生活带来便利的同时，会给环境带来污染？
（①一部分汽油因蒸发散失在大气中成了大气污染物；②废气的主要成分 CO_2 的排放加剧温室效应，导致全球变暖；③废气中的 CO、NO、NO_2 以及未燃烧的碳氢化合物，这些都是有毒物质）。

趣味性、艺术性、数理结合的高效物理课堂践行实录
——基于STEAM教育理念的多领域融合的物理教学

一、项目信息

适用年级：高中所有学段；项目时长：1年；涉及学科：高中物理、数学、（语言）艺术、技术。

二、项目简介

践行条理清晰、灵活机变的物理教学；创建淡化痕迹、文理结合的人文课堂；实施多领域融合，充分体现趣味性、艺术性、体验性、实证性的物理课堂教学势在必行。据此，本案例主要包含以下几个学习活动：

1. 摈弃纸上谈兵，先课外实验，后课上总结，利用2课时组织高一学生开展"测量鞋底对地的动摩擦因数"。

2. "汽车通过拱形桥最高点必须限速"——1课时就能令高一学生接受的力学原理。

3. "同课异构"与"数理结合"，高二师生共同提高的典例——"电源的输出功率"教学，1周时间内，2课时分层递进。

4. 以"红外线"热作用和"热力学第二定律"教学活动

为例,结合语言艺术,开展为时6个月的"主题教育进物理课程"教学活动。

以上项目涉及高中物理、数学、实验技能技巧、(语言)艺术等多领域融合。

三、驱动问题

1. 物理学作为一门基础自然科学,高中物理课程本就是集科学、技术、工程、数学多领域融合的综合教育。学生学习物理学的基本概念、基本原理,自然需要结合生产生活实际,巧妙地运用相关的数学知识和技能技巧解决物理问题。每当挑战性的问题得以解决,学生们就会充分享受成功的喜悦。

2. 享有"力学之父"之誉的阿基米德曾说过:"给我一个支点,我就能撬动地球";成书于我国战国时代的《墨经》也有关于杠杆原理的专门记载:"衡,加重于其旁,必捶。权、重,相若也相衡。则本短标长,两加焉,重相若,则标必下,标得权也。"无论是阿基米德的抛石器,还是墨家学派的天平和杆秤,它们在工程、技术、军事、生产生活实际中的应用,都有力地说明了物理学的跨学科、实证性特征。学好物理,才能够更好地服务于社会。

3. "墙角数枝梅,凌寒独自开。遥知不是雪,为有暗香来。"这沁人心脾的梅花暗香竟然隐含了"分子动理论"的基本常识。像这样引入课题,既增加了物理教学的趣味性、艺术性,又充分体现了中华民族语言的优美,还增强了文化自信,更是契合了教育部研究制定的《习近平新时代中国特色社会主义思想进课程教材指南》等指导性文件要求，强化重大主题教育整体设计，增强课程教材育人功能，实现大中小学育人目标内容有序递进、螺旋上升。这是落实立德树人根本任务，培养担当民族复兴大任时代新人的重要举措。

四、核心概念与跨学科概念

1. 核心概念

物理学是一门基础自然科学，它研究的是物质的基本结构、最普遍的相互作用、最一般的运动规律以及物理学所使用的实验手段和思维方法。在人类文明和社会进步的长河中，科学和技术发挥了积极而巨大的作用，物理学是科学和技术发展的主要支柱。

本项目涉及的核心概念包括：①滑动摩擦力、压力、动摩擦因数、二力平衡、胡克定律；②向心力、牛顿第三定律、失重；③电功率、欧姆定律、闭合电路欧姆定律；④红外线、红外辐射、扩散、方向性、热力学第二定律。

2. 跨学科概念

STEAM 教育源于 2009 年 1 月 11 日美国国家科学委员会发布的主题为《改善所有美国学生的科学、技术、工程和数学》的公开信。STEAM 教育就是集科学（Science）、技术（Technology）、工程（Engineering）、艺术（Arts）、数学（Mathematics）多领域融合的综合教育。

其核心特征主要是：跨学科、趣味性、体验性、情境性、协作性、设计性、艺术性、实证性、技术增强性、教学相长性。

本项目涉及的跨学科概念有①正比例函数、一次函数、不等式；②配方法、一元二次函数、抛物线、极值；③失重的生物学体验；④诸如"奇功固护，甲于天下"、"火烤胸前暖，风吹背后寒"、"落叶永离、破镜难圆"等艺术性描述。

由此可见，高中物理教育重要的是培养学生的创造性思维，正是STEAM教育理论研究向实践转化的最好载体。

五、学习目标

高中物理课程应在义务教育的基础上，进一步促进学生"物理观念"、"科学思维"、"科学探究"、"科学态度与责任"的养成和发展，结合STEAM教育的核心理念，通过本项目的开展，帮助学生从以下几个方面达到学习目标。

1. ①任务一：教师引导，学生提出猜想，设计实验；分析数据，初步体验简单的数理结合；敢于质疑；形成学习报告。

②任务二：学生结合日常乘车情境下的失重体验，提出问题；受力分析，理论推导；获得结论，指导生活实际。

③任务三：在教师指导下娴熟掌握高阶的数理结合的技能技巧，利用数学语言撰写层次分明的小论文，为真正实现物理服务于社会进步做好铺垫。

④任务四、任务五：培养并鼓励学生主动利用碎片时间收

集整理古诗词、谚语等我国传统文化当中与物理学相关的元素，以期达到提高物理素养，充分体验物理学艺术之美的学习目的。

2. 尽管学生是学习的主体，但教师要坚持扮演学生学习的"组织者、引导者、帮助者、支持者和参与者"的重要角色。也就是说，只有教师和学生共同学习才是该项目得以顺利开展，并取得丰硕成果的前提。

3. 物理教学的常规表现，就是教师引导和支持学生在解决物理问题的过程中，强化数理结合的观念，自觉学习相关的数学知识和技能技巧；为满足理论联系实际，解读解决简单的生产生活、工程技术等实际问题，需要教师适时地引导学生增强跨学科学习的意识，主动学习支持物理学科发展的化学、生物、地理，甚至包括政治、历史、外语等学科的相关知识；同时，为提高物理阅读能力，满足高阶发展的需求，教师应有意识地创设情境，引导学生不失时机地主动收集整理古诗词、谚语等我国传统文化当中与物理学相关的元素，以期达到提高物理素养，充分体验物理学艺术之美的学习目的。

4. 课堂教学是实施物理教学的主阵地，开展 STEAM 多领域融合教育项目，教师应不失时机地充分利用课堂教学结合 STEAM 教育理念的核心特征，有针对性地精心设计支持项目开展的教学内容；当然，项目的开展不是一蹴而就的，教师应灵活地利用作业、小实验、小设计、小制作、小发明、小论文、

数理结合专题测试等多种方式保障项目的顺利进行。

5. 任何一个教育教研课题的开展,终极目标都是培养学生的创造性思维。

在物理教学中,学生表现出的创造性思维是多方面的。通过项目的开展预期达到以下几方面的成果。

(1) 提出带有探索性的新颖问题。

(2) 解题方法有突破性创新,或能一题多解。

(3) 能把平时所学的知识进行归纳整理,使自己在学法上有所创新。

(4) 在实验、设计、制作、论文、小发明中展现新的见解。

在物理学习中,学生的创造性思维表现是多方面的,我们在教学中还会有很多发现,教师要重视学生的这种表现,给予支持鼓励,使之发扬光大。

六、学习评价

1. 注重过程评价,促进学生核心素养的发展。

2. 改变课程评价过分强调甄别与选拔的功能,发挥评价促进学生发展、教师提高和改进教学实践的功能;评价不仅要关注学生的学业成绩,而且要发现和发展学生多方面的潜能,了解学生发展中的需求,帮助学生认识自我、建立信心,发挥评价的教育功能,促进学生在原有水平上的发展。

①摈弃"甄别选拔"评价,强调"发展学习"评价。

②不唯终结性评价，重视学习过程评价。

③不搞单一性评价，开展多元化评价。

④不唯成绩的评价，注重情感态度与价值观的评价。

⑤教师不做评价中的裁判员，提倡评价的多主体性，尤其要充分发挥表现性评价的教育功能。

3. 评价量规（量表）见附件1。

七、实施过程

（一）任务一：初入高中，就地取材的"小实验"、简单的"数理结合"——比较鞋的防滑性能

1. 时间安排

2课时（2021年11月25~26日，每课时40分钟）

2. 学习活动

2.1 学习活动1（第1课时）

教师：我们已经初步学习了滑动摩擦力，请同学们归纳一些关于滑动摩擦力的认识。

学生1：两个相互接触的物体，当它们相对滑动时，在接触面上会产生一种阻碍相对运动的力，这种力叫作滑动摩擦力。

学生2：滑动摩擦力的方向总是沿着接触面，并且跟物体相对运动的方向相反。

学生3：滑动摩擦力的大小跟压力的大小成正比，并且还跟接触面的材料、粗糙程度有关。各位同学可以看我的板书：

$F_f=\mu F_N$。其中，F_f 表示滑动摩擦力大小，F_N 表示压力大小；μ 是比例常数，叫作动摩擦因数，接触面材料不同、粗糙程度不同，μ 也不同。

教师：几位同学的总结非常好！既结合滑动摩擦力的定义，说明了滑动摩擦力的产生条件和它发挥的作用，还强调了影响滑动摩擦力大小的两方面因素。也希望其他同学做得更好！

接下来，是课代表利用"班班通"结合PPT分享并解读的"每日一题"。

如图所示，一木块放在水平面上，木块与水平面间的最大静摩擦力 F_{max} = 8N。从某时刻开始，一个水平向右的外力 F 作用在木块上，F 从零开始逐渐增大，直到木块向右运动。设木块与水平面间的最大静摩擦力等于滑动摩擦力，则此过程中木块受到的摩擦力大小（　　）。

A. 始终等于8N

B. 始终等于 F

C. 木块静止时随 F 的增大而增大，木块运动时大小不变

D. 木块静止时大小不变，木块运动时随 F 的增大而增大

【答案】　C

【解析】　当外力 F 小于等于最大静摩擦力时，木块处于静止状态，木块水平方向受到外力 F 和静摩擦力，二力平衡，静摩擦力随 F 的增大而增大；当外力大于最大静摩擦力时，木

块开始运动,受到滑动摩擦力作用,由摩擦力公式 $F_f = \mu F_N = \mu mg$ 可知,此时滑动摩擦力不变,故 C 正确,ABD 错误。

课代表的精彩解读赢得了全班同学的热烈掌声。……

2.2 学习活动 2(第 2 课时)

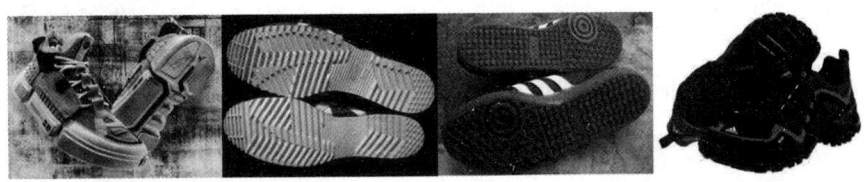

教师:我们知道摩擦力无处不在,每天都伴随着我们。希望同学们能从日常生活入手,来探索和摩擦力有关的简单的实际问题。按照之前我们确定的小课题,有请小课题组组长为我们介绍他们的研究。

组长:我们行走时,鞋底要受到地面的摩擦。所以,决定研究鞋的防滑性能。

同学家里都有各种各样的鞋,塑料底鞋、橡胶底鞋等等。

以下是我们想到的几个问题:①同样的材料做的鞋底花纹也会有所不同;②就是同类的鞋新旧也有所不同。哪一种鞋防滑性能更好一些?

开始,有一部分同学提出了一种方案:把一根鞋带系在鞋上,再把鞋放在教学楼走廊地面上,用手去拉鞋带,哪一只鞋最容易拉动,它的防滑性能就最差。老师还及时肯定了同学们就地取材、因地制宜的探究热情。

随后,老师又帮助我们对这个方案进行了讨论和评估,我们发现:因为各种鞋的质量不同,其所受的重力不一样,因此对水平地面的压力也就不同。

针对这个问题,由四名课代表负责,采用分组的方式组织同学们提出可行的方案。群组讨论之后,制定计划,准备付诸实践。最后我们决定测量各种鞋对不同地面的摩擦系数。

有一个方案经过老师指导之后,被同学们普遍采用。还是请老师为同学们讲解好吗?(此处有掌声)

教师:同学们非常聪明,这么短时间就提供了多个有实证价值的方案。有一种方案,帮助我们进一步熟识了刻度尺的使用方法和胡克定律,尤其是在没有利用弹簧秤的情况下还达到了测量目的,真的很了不起!其原理和细节如下。

(1) 要测出橡胶鞋底与水平地面之间的动摩擦因数,可以先测出橡皮筋的原长 l_0,再测出挂上鞋子后的长度 l_1。根据二力平衡 $G=F_1$ 和胡克定律 $F=kx$ 可知,这时鞋所受的重力 G 可以用橡皮筋的伸长量 $\Delta l_1 = l_1 - l_0$ 间接显示。

(2) 再把鞋放在水泥地面上,手拉橡皮筋沿水平方向匀速拖动它,测出拉动鞋时橡皮筋的长度 l_2。根据二力平衡 $F_f = F_2$ 和胡克定律 $F=kx$ 可知,这时摩擦力 F_f 同样可以用橡皮筋的伸长量 $\Delta l_2 = l_2 - l_0$ 间接表示。

(3) 根据 $F_f = \mu F_N = \mu G$ 可知,橡胶鞋底与水泥地面之间的

动摩擦因数 $\mu = \dfrac{F_f}{F_N} = \dfrac{F_f}{G}$，即 $\mu = \dfrac{\Delta l_2}{\Delta l_1}$。可以用其他鞋子做实验，并把实验数据记录下来。

（4）我们利用 PPT 展示部分实验数据如下（原始数据表可见附件2）：

任务	鞋1	鞋2	鞋3	鞋4	鞋5	鞋6	……
l_1/cm	13.53	14.70	16.57	18.53	19.60	20.98	……
Δl_1/cm	3.53	4.70	6.57	8.53	9.60	10.98	……
l_2/cm	12.01	12.87	14.53	16.39	17.78	19.55	……
Δl_2/cm	2.01	2.87	4.53	6.39	7.78	9.55	……
μ	0.57	0.61	0.69	0.75	0.81	0.87	……

$l_0 = 10$ cm，质量分布"0.36 kg~1.12 kg"

下面，我们用掌声有请方案主要设计者课代表对本方案再做一个总结。

课代表：在这套方案执行过程中，我们能做到选用规格单一的一把毫米刻度尺进行长度测量，并严格遵守有效数字的读取原则。经过反复对比，选用了劲度系数稍大的橡皮筋，以免超过弹性限度。

多数实验数据分布在 0.57~0.87 的较大范围内，个别组别的测算结果接近于 1；通过比对可查资料，测算结果比较合理。

除了同学们熟知的误差产生原因之外，橡皮筋能否严格地遵守胡克定律，应该是本方案产生误差的主要原因。期待我们

能设计更好的方案，在实验室条件下，进一步探究这个问题。

教师：针对上述实验数据，我也谈一下自己的认识。

①同学们是否会发现，从鞋1到鞋6在竖直悬挂并保持静止状态时，导致该橡皮筋的长度 l_1 在逐渐增大；

②显然，从鞋1到鞋6的质量在增大；

③那么，鞋子在水平地面上被拖动时，从鞋1到鞋6对地面的压力也在增大。

难道动摩擦因数 μ 还和作用在接触面的压力大小有关？

学生1：如果不是老师提醒，还真是没有想到这个问题。不会是巧合吧？

学生2：是啊，实验就用了我的那双鞋。分量不轻，鞋底纹路很深的，防滑性能很不错啊！

学生3：哦，会不会是这样啊。我们在实验过程中，比较轻便的是女鞋、板鞋，鞋底的花纹比较浅；而厚重的通常是男生的球鞋和跑鞋，鞋底的花纹明显比较深。

学生4：我同意前一名同学的认识，我参与了实验的每一个环节。实验选用的所有的鞋都来自于我们班级的同学，没有一双是家长或者老师的。虽然，鞋子多种多样，主要还是女生的板鞋和男生的球鞋。

组长：我们知道，动摩擦因数 μ 只和接触面的粗糙程度以及接触面的材料有关，和压力大小无关。我特别同意几位同学

的分析，如果是巧合，也是巧得有理。真是受益匪浅，非常感谢老师对我们的指导和同学们的积极参与。（此处有热烈的掌声）

教师：我也应该感谢同学们！因为你们，物理课堂才会活力四射。面对问题要敢于质疑，要理性存疑。其实，这个课题并没有结束，希望同学们合理利用时间，针对以上困惑，不失时机地继续探讨和实践，以组为单位撰写一份研究报告可好？

3. 核心问题

由 $F_f \propto F_N$ 可知，需要用动摩擦因数 μ 来表示两个物体间的防滑特性才比较科学。可以组织学生设计方案分别比较不同鞋底和地面情况的动摩擦因数 μ。

4. 阶段成果

令我们欣慰的是，初入高中的学生在教师指导帮助下，通过团队合作、群策群力，从提出问题、设计方案、制定计划到实际操作、反复研讨、数据记录、误差来源分析，以及简单的数理结合和总结归纳体现出他们认真笃实和实事求是的作风，处处都有让我们值得骄傲的闪光点。

尽管探究过程和测算结果仍有遗憾，收获与困惑并存，但是已然达到了课题的研究目的。学生们能在紧张的课程学习之余以极大的热情参与到探究和实践当中，正说明了学生都具有潜在的自主发展能力和沟通合作能力。

（二）任务二："奇功固护，甲于天下"、"绝世无双"的赵州桥——"竖直平面圆周运动"的教学片段

1. 时间安排

1课时（2022年3月28日）。

2. 学习活动

2.1 汽车过拱形桥最高点的力学分析

教师：汽车过拱形桥的运动也可以看作圆周运动。就在我们这个城市也有几座拱形桥，它们还是很多同学每天上学、放学的必经之路。关于拱形桥，同学们能想起什么？

学生1：既然是圆周运动，汽车就一定需要向心力喽。

学生2：每次过桥，尤其是通过桥顶，如果车速比较大，我总是感觉恶心头晕。其他同学有过这种感觉吗？

教师：嗯，是这样。那么，我们就先从向心力的来源开始吧。按照之前的布置，同学们应该预习了教材第36页内容。建议大家思考如下问题（PPT展示），期待两分钟之后有同学毛遂自荐为我们解读。

学生3：首先我为大家读题："质量为 m 的汽车在拱形桥上以速度 v 前进，设桥面的圆弧半径为 r，我们来分析汽车通过桥的最高点时对桥的压力。"接下来是我的分析。

①对汽车在竖直方向分析如图，它受到重力 mg 和桥的支持力 F_N，它们的合力

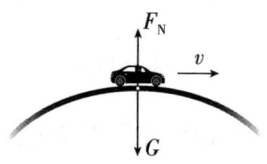

充当汽车做圆周运动的向心力 F_n，其向心加速度 a_n 竖直向下。

②由 $F_n=mg-F_N$；$F_n=m\dfrac{v^2}{r}$，得，$mg-F_N=m\dfrac{v^2}{r}$。

③由此可得，桥对汽车的支持力 $F_N=mg-m\dfrac{v^2}{r}$。

④由牛顿第三定律可知，汽车对桥面的压力大小 $F_N'=F_N$，即 $F_N'=mg-m\dfrac{v^2}{r}$。

同学们，我的分析如上。（掌声雷动）

教师：真的好精彩啊！条理清晰、格式规范、一气呵成！尤其是最后，牛顿第三定律做补充，完美收官。

2.2 汽车过拱形桥最高点的失重状态

教师：刚才有同学提到，乘车通过桥顶，车速快的时候，总感觉不舒服。这是什么现象？

学生4：根据上面的分析，因为 $F_N'=mg-m\dfrac{v^2}{r}<mg$，此时汽车处于"失重状态"。司机和乘客就会体验"失重"，自然就不太舒服了。

教师：分析的非常好！若汽车以越来越大的速度通过拱形桥最高点时，会发生什么现象？这种情况是否关乎行车安全？

学生5：结合滑动摩擦力大小 $F_f=\mu F_N'$ 可知，如果速度 v 过大，轮胎和地面之间的压力 F_N' 就会过小，最终将导致汽车轮胎与地面间的摩擦太小，显然不利于行车安全！

教师：有没有可能发生这种情况——汽车处于完全失重状态？

学生6：如果速度达到$v=\sqrt{gr}$，只有重力mg单独充当向心力，汽车处于完全失重状态；汽车和桥面之间的摩擦力竟然会因压力的消失而不复存在，甚至会导致汽车飞离桥面！

3. 核心问题

汽车通过拱形桥最高点需要竖直向下的向心力，并且处于失重状态。

如果车速达到$v=\sqrt{gr}$，只有重力mg单独充当向心力，汽车处于完全失重状态；理论上，汽车和桥面之间的摩擦力竟然会因压力的消失而不复存在，甚至会导致汽车飞离桥面！因此，汽车通过拱形桥，包括隆起的路面，都要限速通行。

2.3 利用文献资料结合智能教育平台为学生初步解读赵州桥的力学原理

4. 阶段成果

（1）通过学生们自己动手进行的受力分析，寻找向心力的来源，认识实际生活中的失重现象，解读汽车通过拱形桥面要面对的限速等行车安全问题。学生们自觉组成兴趣小组，利用课余时间查找资料，一部分学生还专门整理了《失重的体验》（可见附件3），另一部分学生还能结合已有的静力学模型，主动了解赵州桥能够矗立千年的力学原理（可见附件4）。

教师支持学生通过不同方式获取信息，如归纳的解题方法、整理的小论文、简单的技术工程常识、优美的中华古文描述等，体现了跨学科教育理念实施的优越性。

（三）任务三："同课异构"的"数理结合"对比，有效提升教师素养

1. 时间安排

2课时（2020年10月27日）。

2. 学习活动

"同课异构"教研活动，可以理解为同一年级相同学科的教师讲授同样的教学内容，通过不同的教学设计来呈现不同的教学效果，从而达到教学研究目的的活动。每一位授课的老师各显其能，做了多彩的课堂展示，可以说是精彩纷呈、各有千秋，呈现了课堂教学的多样化。

在"电源的输出功率"习题课教学中，项目负责人帮助指导两位教师站在学生的视角，从"同课异构"两个不同的角度进行了如下教学设计。

◎第一套方案

教师："配方法"解决物理问题往往会获得意想不到的效果。按照我们预先布置的学习任务，请四位同学针对"电源的输出功率"为大家展示他们的分析方法。

课代表：通过老师的指导和同学们的评审，我们选择最流畅、最规范的一种格式与大家再次交流共享，并由我来为同学们解读。

（1）$P=UI$，$U=IR$，$I=\dfrac{E}{R+r}$。其中"E"和"r"分别是电源电动势和电源内阻，"U"和"I"分别是路端电压和电路总电流；而对于纯电阻电路，R 就是指外电路负载电阻。

（2）于是 $P=\left(\dfrac{E}{r+R}\right)^2 R=\dfrac{E^2 R}{(r+R)^2}=\dfrac{E^2 R}{(R-r)^2+4rR}$，

则有 $P=\dfrac{E^2}{4r+\dfrac{(R-r)^2}{R}}$。

（3）当 $R=r$ 时，电源的输出功率最大，即 $P_m=\dfrac{E^2}{4r}$。若结合定性对应的曲线可以探究 P 随 R 的变化规律。

◎第二套方案

教师："一元二次函数"求"极值"在解决物理问题时不但会收到意想不到的效果，而且还会提高解题效率。这节课，我们要针对"电源的输出功率"，来探讨"电源的输出功率与电流之间的关系"。

按照我们预先布置的学习任务，请四个小组的同学选出代表为大家展示他们的分析方法。

学委：经过对比，征求老师意见，我们特别欣赏第三组同学行云流水的解题格式。作为组员，我代表第三组同学向老师和同学们汇报分析思路。

(1) 由能量守恒定律可知 $P=EI-I^2r$。

(2) 上式是形如 $y=bx+ax^2$ 的一元二次函数。

其中，二次项系数 $a=-r$ 抛物线开口向下。当满足 $x=-\dfrac{b}{2a}$ 时，y 具有最大值 $y=\dfrac{4ac-b^2}{4a}$。

(3) 由此可知，当 $I=\dfrac{E}{2r}$ 时，电源的输出功率具有最大值 $P_m=\dfrac{E^2}{4r}$。

(4) 在该设计中，如果外电路是纯电阻性质的，即负载电阻也为 R。则满足 $R=r$ 时，$I=\dfrac{1}{2}\cdot\dfrac{E}{r}=\dfrac{1}{2}\cdot I_0$，其中 $I_0=\dfrac{E}{r}$ 为短路电流。如果结合过坐标原点开口向下的对称的抛物线，可以由 P 随 I 的变化规律定量计算相关信息，其物理意义一目了然。

3. 核心问题

"同课异构"和"数理结合"是任务的核心问题。

◎针对纯电阻电路的"配方法"

(1) $P=\left(\dfrac{E}{r+R}\right)^2 R=\dfrac{E^2R}{(r+R)^2}=\dfrac{E^2R}{(R-r)^2+4rR}$，

则有 $P=\dfrac{E^2}{4r+\dfrac{(R-r)^2}{R}}$。

(2) 当 $R=r$ 时，电源的输出功率最大，即 $P_m = \dfrac{E^2}{4r}$。若结合定性对应的曲线可以探究 P 随 R 的变化规律。

◎针对一般电路通用的"一元二次函数"解法

形如 $y=bx+ax^2$ 的一元二次函数。

其中，二次项系数 $a=-r$ 抛物线开口向下。当满足 $x=-\dfrac{b}{2a}$ 时，y 具有最大值 $y=\dfrac{4ac-b^2}{4a}$。

4. 阶段成果

两种不同的教学设计不仅让学生们获得了不同的认识，也令同仁们"耳目一新"，同时更令教学活动的操作者收益颇丰。

通过这样的"同课异构"教研活动，我们明白了课堂教学是个性化的艺术，但是在教学过程中我们精心设计的教学环节也许对于学生、对于课堂来说是微效甚至是有明显不足的，只有通过老师们的共同研讨，集思广益，我们才能发现自己设计的不足，让有效的教学过程占领课堂。"同课异构"让我们真正地认识到了在听与评的过程中总结经验、发现问题，在批判继承先行者的基础上再做教学设计，在对许多问题的研讨中取得比较一致的认识的重要性，更重要的是让我们从异同中领悟到许多有价值的东西。这样才能激发内在潜能、张扬个性，从而迈进异中有同、同中求异的境界。

（四）任务四：《露营之歌》的传唱——"'红外线'的基本作用"教学片段

1. 时间安排

1课时（2022年3月21日）。

2. 学习活动

在《物理 选择性必修第二册》第四章第4节"电磁波谱"教学过程中，由两名学生主讲"电磁波谱"，大多数学生积极参与互动。学生们或是利用教材，或是利用互联网资源，启动"班班通"现场链接提供素材，学习热情非常高涨。

教师：我们知道电磁波包括无线电波、红外线、可见光、紫外线、X射线、γ射线等。不同的电磁波具有不同的波长（频率），具有不同的特性。电磁波谱就是按照电磁波的波长大小或频率高低的顺序把它们排列成的谱。基于同学们的要求，结合学案，这节课的学习交由课代表组织，同学主讲。

在课代表引领下，有五名同学先后为同学们讲解了本节课的主干知识。他们或是领读，或是板书，异彩纷呈。其中，一位同学关于"红外线"的讲解把这节课推向了高潮。

学生：同学们，尽管室外依然寒冷，教室的暖气却让我们倍感暖意洋洋。我们在体验"'火'烤胸前暖"的同时，是不是深刻领会了"红外辐射"带来的影响？"……征马蹄蹶，冷气侵人夜难眠。火烤胸前暖，风吹背后寒。壮士们！精诚奋发

横扫嫩江原……团结起，夺回我河山。"这首气势磅礴的《露营之歌》，真实地反映了东北抗联艰苦卓绝的战斗生活和奋不顾身的革命精神。我们能有今天的幸福生活，得益于革命先烈的舍生忘死……

3. 核心问题

热物体的红外辐射比冷物体的红外辐射强。

"红外线"可以用来加热理疗，已成共识。

红外夜视仪、红外摄影以及红外遥感技术的广泛应用。

红外体温计在防疫工作中发挥的重要作用。

4. 阶段成果

学生在这节课的组织和学习中，不仅学习到了知识、锻炼了能力，更重要的是在赏析歌词的同时，也被抗联将士们豪迈的气概、高尚的情操、坚毅的决心以及收复祖国大好河山的乐观情怀所感染。

（五）任务五："落叶永离、覆水难收"——"热力学第二定律"的教学案例

1. 时间安排

2022 年 6 月 7 日。

2. 学习活动

小实验：一滴红色颜料滴进一杯清水中发生扩散，整杯水均匀地变红。据此，教师提出问题：水中扩散的颜料能否自发

地重新聚集在一起,而其余部分又变成清水?

教师引导,学生讨论,针对一些生活可见的实例,学生们还是能够一定程度上接受"一切与热现象有关的宏观自然过程都是不可逆的"。

教师:"落叶永离""破镜难圆"蕴含着怎样的自然哲理?

3. 核心问题

在物理学中,反映宏观自然过程的方向性的定律就是热力学第二定律。

热力学第二定律的克劳修斯表述和开尔文表述:

①热量不能自发地从低温物体传到高温物体。

②不可能从单一热库吸收热量,使之完全变成功,而不产生其他影响。

可以证明,这两种表述是等价的。

4. 阶段成果

"落叶永离、覆水难收;欲死灰之复燃,艰乎其力;愿破镜之重圆,冀也无端……"和"人间斤斧日创夷,谁见龙蛇百尺姿;不是溪山成独往,何人解作挂猿枝",既有凄婉无奈的情怀,又昭示了自然界的一切宏观过程都具有方向性——珍惜

生命、热爱自然、保护环境、节约能源……

师生们在赏析文献和诗词的同时，进一步体会了"热力学第二定律"不仅仅在两次工业革命的重要产物——像热机、空调、电冰箱这样的机械、电器中广为利用，而且我们的先哲竟然早就有了诗意的预见和总结。

八、学习成果（见附件）

1.《再谈德育教育如何渗透于物理教学的课题引入之中》（附件5）

2.《"以问题为中心的高效课堂"的校本教学理念践行实录》（附件6）

九、效果和反思

(一) [原创]

STEAM 项目推进体验
——我与"学情分析"访谈式体验

(仅限标题,具体内容参考"《创新研究篇》第一部分 学情分析与教学风格"、"第二篇 我与'学情分析'"、《我与"学情分析"访谈式体验》)

(二) [教师发展与教师评估]

深度学习背景下"同课异构"的教学模式践行实录

在"高效课堂经验交流"研讨活动中,来自各校的物理名师们交流最多的就是对"同课异构"的大力褒扬。

"同课异构"教研活动,可以理解为同一年级相同学科的教师讲授同样的教学内容,通过不同的教学设计来呈现不同的教学效果,从而达到教学研究目的的活动。每一位授课的老师各显其能,做了多彩的课堂展示,可以说是精彩纷呈、各有千秋,呈现了课堂教学的多样化。

在"同课异构"教研活动中,通过听课学习和讲课,笔者发现"同课异构"对提高课堂教学的有效性有很大帮助。它可以促进课堂优势互补,使教师之间互相启发,智慧共享。而且相同的课题便于教师理解教材、深入挖掘教材。通过"同课异构"的对比研究,开展实质性的讨论与反思,可以促进教师的

专业成长。"同课异构'活动也给我们教师"个人自备，分头施教"提供了一个很好的模式和学习范本。

"同课异构"的本身属性决定了授课教师教学风格的多样化，让人感受到了不同的授课风格，在鉴赏中寻找差异，在比较中学习特性。在我们当时的高二物理教研组内，王庆海老师的课堂在朴实中见真情，灵活中促情感。整节课，学生在老师的引领下，师生之间，生生之间进行心灵交流，老师能和学生融为一体，让学生们的思维得以扩散。我能感受到他真的用心在讲课，整个课堂很大气，教态自然大方。陈霞老师的课最大的特点就是重视创设有实际意义的真实环境，极大地激发了学生观察和交际的兴趣。魏宝林老师在学生交流之前有明确的要求，交流之中适时指导，更重要的是能把自己的发现及发现的过程讲给学生们听不仅以自身的热情感染学生，还最大限度地激起学生交流的欲望。李岩老师课前创设情境，激发学生学习欲望，教师和学生配合默契，使课堂更有真实感。

在这次大型教学研讨活动中，王庆海老师的专题展示课"闭合电路欧姆定律的应用"和魏宝林老师的专题展示课"滑动摩擦力（一）"受到来自各名校教师的一致好评。会议现场，笔者对两位年轻教师的展示课做了科学客观的点评，并与哈师大附中的张国栋老师交换了意见，赢得了与会同行对我校教育教学理念和教师业务能力的一致肯定和赞许。

附件 1：多领域融合的物理教学学生评价分析

采用调查问卷，一共发放了 50 份问卷，全部收回。

问卷主要调查三方面的内容：第一，学生是否对跨学科融合感兴趣；第二，跨学科融合是否对学生学习物理有帮助；第三，学生是否愿意继续参与多领域融合的物理教学。具体情况如下所示。

一、学生对跨学科融合的兴趣

问卷的 1、2 题探究的是学生参与跨学科融合的兴趣，统计结果如表图 1、图 2 所示。

表 1　学生对参与跨学科学习的兴趣统计结果

	非常喜欢	比较喜欢	一般	不喜欢	不确定
1. 在物理复习课中，你喜欢老师运用跨学科展开教学吗？	30	15	5	0	0
2. 你喜欢运用跨学科学习物理吗？	28	17	5	0	0

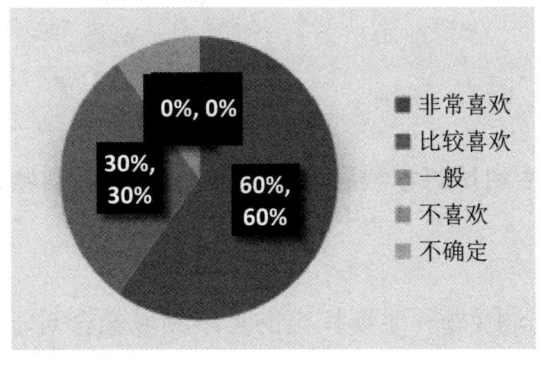

图 1　在物理课中是否喜欢老师运用跨学科思维展开教学统计结果

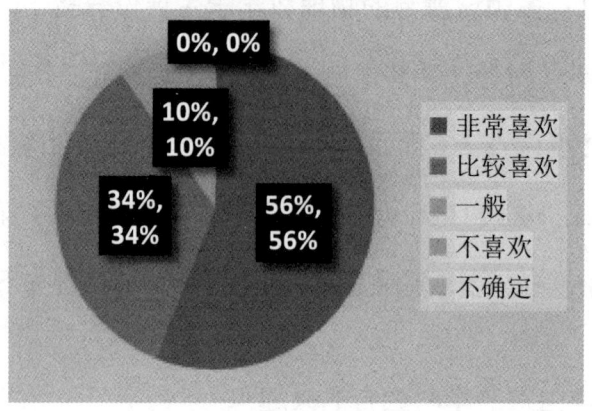

图 2　是否喜欢运用思维导图学习物理统计结果

通过图 1、图 2 能够看出，有 30 名学生喜欢在物理复习课中开展跨学科融合学习，占实验班总人数的 60%；有 15 名学生表示比较喜欢，占实验班总人数的 30%；对教师运用多领域融合展开教学的喜欢程度为一般的仅有 5 名学生，占实验班总人数的 10%。并且有 56% 的学生非常喜欢跨学科融合学习物理。

由此可以看出，是否应用多领域融合能够影响学生的学习兴趣。

二、学生利用跨学科融合思维进行学习后对物理学习是否有帮助

问卷 3 至 10 题，主要探究的是多领域融合对学生物理学习的帮助，其统计结果如表 2、图 3 所示。

表2 运用跨学科融合思维对物理学习是否有帮助统计结果

	非常有帮助	有帮助	帮助很少	完全没帮助	不确定
3、应用多领域融合后，你认为对增加物理学习的信心有帮助吗？	18	30	2	0	0
4、应用多领域融合后，你认为对提高物理学习的兴趣有帮助吗？	16	26	8	0	0
5、应用多领域融合后，你认为对知识的整理有帮助吗？	22	25	3	0	0
6、应用多领域融合后，你认为对知识的记忆有帮助吗？	20	23	4	0	3
7、在课堂中，通过跨学科思维的引导，你认为对更深刻的理解课堂知识点有帮助吗？	16	25	6	0	3
8、通过跨学科思维总结课堂内容，对掌握本节课的知识有帮助吗？	19	21	8	0	2
9、你认为老师运用跨学科思维进行教学对提高物理成绩有帮助吗？	24	20	5	0	1
10、运用跨学科思维学习物理，你认为对提高物理成绩有帮助吗？	20	24	5	0	1

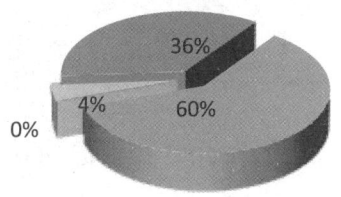

■非常有帮助 ■有帮助 ■帮助很少 ■完全没帮助 ■不确定
图3 应用多领域融合是否有助于增加物理学习的信心统计结果

通过图3能够看出，60%的学生认为该方法有助于提升学习物理的信心，36%的学生认为其帮助很大，仅有4%的学生认为该方法对于提升他们学习物理的信心帮助很少。

通过图4可知,实验班中32%的人认为跨学科思维对增加物理学习的兴趣非常有帮助,52%的人认为跨学科思维对增加物理学习的兴趣有帮助,16%的人认为跨学科思维对增加物理学习的兴趣帮助很少。

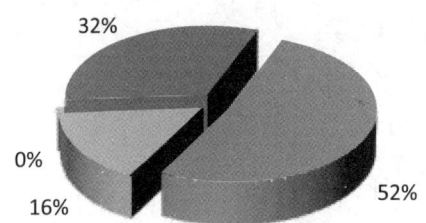

■非常有帮助 ■有帮助 ■帮助很少 ■完全没帮助 ■不确定
图4 应用多领域融合是否有助于增加物理学习的兴趣统计结果

通过图5可知,实验班中44%的人认为多领域融合对知识的整理非常有帮助,50%的人认为多领域融合对知识的整理有帮助,6%的人认为多领域融合对知识的整理帮助很少。

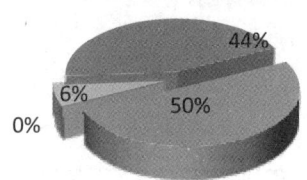

■非常有帮助 ■有帮助 ■帮助很少 ■完全没帮助 ■不确定
图5 应用多领域融合是否有助于知识的整理统计结果

通过图6可知,实验班中40%的人认为多领域融合对知识的记忆非常有帮助,46%的人认为多领域融合对知识的记忆有帮助,8%的人认为多领域融合对知识的记忆帮助很少,6%的人不确定多领域融合是否有助于知识的记忆。

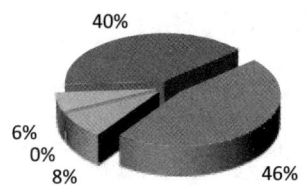

■ 非常有帮助 ■ 有帮助 ■ 帮助很少 ■ 完全没帮助 ■ 不确定

图 6　应用多领域融合是否有助于知识的记忆统计结果

通过图 7 可知，实验班中 48% 的人认为教师应用多领域融合教学对提高物理成绩非常有帮助，40% 的人认为教师应用多领域融合教学对提高物理成绩有帮助，10% 的人认为教师应用多领域融合教学对提高物理成绩帮助很少，2% 的人不确定教师应用多领域融合教学对提高物理成绩是否有帮助。

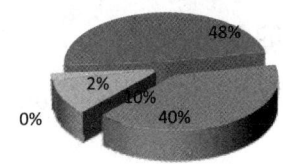

■ 非常有帮助 ■ 有帮助 ■ 帮助很少 ■ 完全没帮助 ■ 不确定

图 7　教师应用思维导图教学是否有助于提高物理成绩统计结果

综上所述，无论是教师开展物理教学还是学生自主学习物理，思维导图都对学生的物理学习产生了积极的影响。

附件 2：任务一实验数据简表

$l_0 = 10$ cm, 质量分布 0.36 kg~1.12 kg								
任务	鞋 1	鞋 2	鞋 3	鞋 4	鞋 5	鞋 6	……
l_1/cm	13.53	14.70	16.57	18.53	19.60	20.98	……
Δl_1/cm	3.53	4.70	6.57	8.53	9.60	10.98	……
l_2/cm	12.01	12.87	14.53	16.39	17.78	19.55	……
Δl_2/cm	2.01	2.87	4.53	6.39	7.78	9.55	……
μ	0.57	0.61	0.69	0.75	0.81	0.87	……

附件3：《失重的体验》

1. 失重的感觉：身体漂浮，产生头晕恶心、呕吐等症状。

2. 失重情况下，人的前庭器官中的耳石不再与周围的神经细胞接触而向中枢神经传输信号，从而丧失定向功能。前庭器官与人体主管呼吸、消化、循环、排泄、发汗等功能的植物神经系统有密切关系。所以，一旦前庭器官不起作用，身体内脏之间正常的相互作用消失，就会引起航天飞行员产生头晕恶心、呕吐等症状。

3. 已经习惯了地心引力的人类在失重环境中会有找不到上下左右的感觉。

附件4：《屹立千年的赵州桥》

（链接：https：//zhidao.baidu.com/question/1452780855337297580.html）

"奇功固护、甲于天下"的赵州桥主要有以下三个力学特点：

（1）采用圆弧拱形，改变了我国大石桥多为半圆形拱的传统。我国古代石桥拱形大多为半圆形，这种形式比较优美、完整，但也存在两方面的缺陷：一是交通不便，半圆形桥拱用于跨度比较小的桥梁比较合适，而大跨度的桥梁选用半圆形拱，就会使拱顶很高，造成桥高坡陡、车马行人过桥非常不便。二是施工不利，半圆形拱桥砌石用的脚手架就会很高，增加施工的危险性。为此，李春和工匠们一起创造性地采用了圆弧拱形，使石拱高度大大降低。赵州桥的主孔净跨度为37.02米，而拱高只有7.25米，拱高和跨度之比为1∶5左右，这样就实现了低桥面和大跨度的双重目的，桥面过渡平稳，车辆行人非常方便，而且还具有用料省、施工方便等优点。当然圆弧形拱对两端桥基的推力相应增大，对桥基的施工提出了更高的要求。

（2）采用敞肩。这是李春对拱肩进行的重大改进，把以往桥梁建筑中采用的实肩拱改为敞肩拱，即在大拱两端各设两个小拱，靠近大拱脚的小拱净跨为3.8米，另一拱的净跨为2.8米。这种大拱加小拱的敞肩拱具有优异的技术性能，首先可以增加泄洪能力，减轻洪水季节由于水量增加而产生的洪水对桥的冲击力。古代洨河每逢汛期，水势较大，对桥的泄洪能力是个考验，四个小拱就可以分担部分洪流，据计算四个小拱可增加过水面积16%左右，大大降低洪水对大桥的影响，提高大桥的安全性。其次敞肩拱比实肩拱节省大量土石材料，可减轻桥身的自重，据计算四个小拱可以节省石料26立方米，减轻自身重量700吨，从而减少桥身对桥台和桥基的垂直压力和水平推力，增加桥梁的稳固性。再次，造型更加优美，四个小拱均衡对称，大拱与小拱构成一幅完整的图画，显得更加轻巧秀丽，体现建筑和艺术的完整统一。最后，设计符合结构力学理论，敞肩拱式结构在承载时使桥梁处于有利的状况，可减少主拱圈的变形，提高了桥梁的承载力和稳定性。

（3）单孔。我国古代的传统建筑方法，一般比较长的桥梁采用多孔样式，这样每孔的跨度小、坡度平缓，便于修建。但是多孔桥也有缺点，如桥墩多，既不利于舟船航行，也妨碍洪水宣泄；桥墩长期受水流冲击、侵蚀，天长日久容易塌毁。因此，李春在设计赵州桥的时候，采取了单孔长跨的形式，河心

不立桥墩，使石拱跨径长达 37 米之多。这是我国桥梁史上的空前创举。

附件 5：再谈德育教育如何渗透于物理教学的课题引入之中

（仅限标题，具体内容参考"《交流竞赛篇》第一部分 学术交流篇"《再谈德育教育如何渗透于物理教学的课题引入之中》）

附件 6："深度学习背景下'以问题为中心的高效课堂'的校本教学理念"践行实录

（仅限标题，具体内容参考"《实践体验篇》第二部分 教学研讨篇"、《深度学习背景下"以问题为中心的高效课堂"的校本教学理念践行实录》）

实践体验篇

　　高中物理课程在内容上应精选学生终身学习必备的基础知识与技能，加强与学生生活、现代社会及科技发展的联系，反映当代科学技术发展的重要成果和新的科学思想，关注物理学的技术应用所带来的社会问题，培养学生的社会参与意识和对社会负责任的态度。

教学设计

  高中物理教学过程应该是体现高中物理课程的新理念、实现课程目标的统一创造过程，重要的是培养学生的创造性思维。科学的教学设计，不是让学生"学到物理知识的结论"，而是让他们更注重"积极参与、乐于探究、勇于探索、勤于思考"。

◎研读《普通高中物理课程标准》之后的一次教学设计

研读《普通高中物理课程标准》之后的一次教学设计

一、学习摘要

1. 《普通高中物理课程标准》明确指出了课程的性质："高中物理是普通高中自然科学领域的一门基础课程，与九年义务教育物理或科学课程相衔接，旨在落实'立德树人'根本任务，进一步提升学生的物理核心素养。为学生的终身发展奠定基础，为人类科学事业的传承与社会的发展做贡献。高中物理课程在义务教育的基础上，帮助学生从物理学的视角认识自然，理解自然，建构关于自然界的物理图景；引导学生经历科学探究过程，学会科学研究方法，养成科学思维习惯，增强创新意识和实践能力；引领学生认识科学的本质以及科学、技术、社会、环境（STSE）的关系，形成科学态度、科学世界观和价值观，为做有责任感的未来社会公民奠定基础。"

"提高学生的物理核心素养"是九年义务教育物理（或科学课程）和高中物理课程的宗旨。当今世界，科学技术的发展突飞猛进，科学技术是第一生产力，是经济发展的决定因素，成为世界各国综合国力竞争的关键。综合国力的强弱越来越取决于各类人才的质量和数量，取决于劳动者的素质，特别是全

体公民的科学素养。

依据国际科学教育与科学素养界定和我国的实际情况，科学素养应该包含以下四个方面：

（1）科学探究（过程、方法与能力）。

（2）科学知识与技能。

（3）科学态度、情感与价值观。

（4）对科学、技术与社会关系的理解。了解科学、了解科学中的过程是掌握这类高级技能的一种根本性的途径。

《普通高中物理课程标准（2017年版2020年修订）》对学科核心素养的界定为："学科核心素养是学科育人价值的集中体现，是学生通过学科学习而逐步形成的正确价值观念、必备品格和关键能力。"物理学科核心素养主要包括"物理观念""科学思维""科学探究""科学态度与责任"四个方面。

2. 高中物理课程的新理念

（1）体现物理学科本质，培养现代公民必备的核心素养

①改变"精英式"教育观念，教学要面对全体学生。物理课程要为每一个学生提供公平的学习机会，要考虑到学生的个体差异，使每一个学生的潜能都得到充分的发展。

②改变单纯的学科知识教育，对"三维"目标传承与超越。核心素养视角下，提炼出的课程目标为：让学生亲近自然，进行有预测的观察、实验等，培养学生解决问题的能力和热爱

自然的情感，同时试图理解自然的事物、现象，养成科学的看法和想法。

(2) 体现课程的基础性和选择性，满足学生终身发展的需求

①普通高中教育仍属于基础教育，应注重全体学生的共同基础，同时应针对学生的兴趣、发展潜能和今后职业的需要，设计供学生选择的物理课程模块，以满足学生的不同学习需要，促进学生自主地、富有个性地学习。

②每个物理教育工作者都应该建立这样的教育信念：要坚持"人人有才，人无全才，扬长避短，成人成才"，针对参差不齐的学生要"允许落后，鼓励冒尖"。

(3) 体现课程的时代性，关注科技进步和社会发展需求

高中物理课程在内容上应精选学生终身学习必备的基础知识与技能，加强与学生生活、现代社会及科技发展的联系，反映当代科学技术发展的重要成果和新的科学思想，关注物理学的技术应用所带来的社会问题，培养学生的社会参与意识和对社会负责任的态度。

(4) 重视学生自主学习，提倡教学方式多样化

①物理课程改革学习方式，应以科学探究为主体，倡导建构学习。

②科学探究是认识自然的重要途径，也是认识自然的重要

方法。

(5) 注重过程评价，促进学生核心素养的发展

改变课程评价过分强调甄别与选拔的功能，发挥评价促进学生发展、教师提高和改进教学实践的功能；评价不仅要关注学生的学业成绩，而且要发现和发展学生多方面的潜能，了解学生发展中的需求，帮助学生认识自我、建立信心，发挥评价的教育功能，促进学生在原有水平上的发展。

①摈弃"甄别选拔"评价，强调"发展学习"评价。

②不唯终结性评价，重视学习过程评价。

③不搞单一性评价，开展多元化评价。

④不唯成绩的评价，注重情感态度与价值观的评价。

⑤教师不做评价中的裁判员，提倡评价的多主体性。

3. 高中物理课程在课程性质、课程目标、课程内容以及课程设置与安排上都提出了更新的要求。通过核心素养视角下的新课程标准与传统的"教学大纲"和"三维"目标的对比，不难发现：

(1) 新课程标准高瞻远瞩，更符合新时代对教育的要求。

(2) 新课程目标与我们以往关注的知识、技能和态度等有着非常重要的联系，但又不完全相同，是对"三维"目标的传承与超越。在物理学科核心素养的四个方面中，物理观念、科学思维和科学态度在同一层面，而科学探究则不同，它是学生要学习和掌握的一种探究能力，包括提出问题、解决问题、实验论证和交流合作等能力，同时也是学习科学知识、发展科学思维、形成科学态度的手段和途径。

（3）不是让学生只"学到物理知识的结论"，而是让他们更注重"积极参与、乐于探究、勇于探索、勤于思考"。

（4）为培养学生的独立思考能力、合作交流能力、解决实际问题的能力、终生学习能力以及人生规划能力奠定坚实的基础。

高中物理教学过程应该是体现高中物理课程的新理念、实现课程目标的统一创造过程，它应该体现以下五个原则：

（1）突出情感态度与价值观的统一，体现以发展为主旨的原则。

（2）突出面向全体的教学思想，体现以学生为中心的原则。

（3）突出物理过程的教学，体现以达成对物理概念的理解为前提的原则。

（4）突出独立获取物理知识，探究物理规律，体现以揭示规律为重点的原则。

（5）突出教法和学法的改革，体现以精讲精练为策略的原则。

二、教学设计

基于此，笔者在认真研读"普通高中物理课程标准"的基础上，就"带电粒子在匀强磁场中的运动"一节深入研讨，精心设计；实施教学之后深刻反思，现整理如下。

重要的是培养学生创造性思维

——《带电粒子在匀强磁场中的运动》教学设计及反思

物理学是一门知识创新快、技术应用广泛的自然学科，它有很强的应用性和创新性，物理教学内容蕴涵着极其丰富的创新教育内容，为培养创新型学生提供了极好的载体。所以，在物理教学中进行创新教学是极其重要和迫切的，也是可行的。我坚持在教学活动中努力实施创新教育，以下是我在《带电粒子在匀强磁场中的运动》一节教学中的几点体会。

（一）教学过程中，重视教材的分析与处理

1. 教材的地位和作用

本章《安培力与洛伦兹力》（"选择性必修第二册 第一章"）是电磁学的重要组成部分，也是学习电学后几章的基础。本章研究磁场以及磁场对电流的作用、磁场对带电粒子的作用。抽象的概念比较多，定量的计算也比较多，比较难。这些知识不只在学习后面几章电磁学知识时要用到，而且是将来进一步学习电工技术和电子技术的基础。

本章内容的第二单元——洛伦兹力及其应用，它是电学中的重要规律，因此它们是教学中的重点，其中第三节《带电粒子在匀强磁场中的运动》是对《磁场对运动电荷的作用力》的延续和补充，能够使学生对该段知识的理解更加深刻，为以后学习荷质比、质谱仪、回旋加速器等知识打下了坚定的基础；对培养学生多向、灵活、批判地考虑问题，较快地提高学生思维的流畅性、变通性和独创性提供了有利条件；同时它在生产技术和科学研究中都有十分广泛的应用，体现了理论与实际的完美结合。

为了更好地达到教学目标，将教材做如下处理：

2. 教材处理

针对已经进入到高二阶段的学生思维仍具有单一性和定势性，学习新内容往往还期望能够从现象入手，对较复杂的理论的分析和理解仍有一定的困难。于是，我在新课引入和理论分析前后都设置了演示实验，前后呼应。这些演示实验仅仅利用2块磁铁，1个高压电源，1个阴极射线管和1个洛伦兹力演示仪，即可收到令人满意的效果。这样做既能让学生学到许多知识，又能培养学生的观察能力、动手能力和思维能力，更以其趣味性和探索性在培养学生创新精神方面发挥独特的功能和作用，大大提高了课堂效率。

3. 教学目标

依据"普通高中物理课程标准"的要求，基于"围绕学科核心素养的落实"与"发展素质教育的独特育人价值"的需

要，确定如下四个教学目标：

（1）进一步培养学生关于电磁场的物质观念、运动与相互作用观念和能量观念。

（2）具有建构模型的意识和能力；能运用科学思维方法，从定性和定量两个方面对相关问题进行科学推理、找出规律、形成结论。

①进一步理解和掌握洛伦兹力的计算公式；

②理解带电粒子在磁场中做匀速圆周运动的道理，为了解质谱仪和回旋加速器的工作原理做好准备。

（3）具有科学探究意识，能在观察和实验中发现问题，提出合理的猜想和假设；具有设计探究方案和获取证据的能力，能正确实施探究方案，使用不同方法和手段分析、处理信息，描述并解释探究结果和变化趋势；具有交流的意愿与能力，能准确表述、评估和反思探究过程与结果。

通过本节内容的教学，培养学生的"观察能力、表达能力、动手操作能力及由现象到本质的探究能力"和"运用知识去解决一些简单的实际问题的能力"以及"不断求知的精神和自学、钻研的能力"。

（4）能正确认识科学的本质；具有学习和研究物理的好奇心与求知欲，能主动与他人合作，能基于证据和逻辑发表自己的见解，实事求是，不迷信权威。

对学生进行"由现象到本质""由一般到特殊""理论联系实际"的辩证唯物主义教育；在引导学生尊重实验事实、描述实验现象的过程中培养他们"严谨求实""崇尚理性，崇尚实验"的科学态度。

4. 教学重点、难点及确定依据

重点：研究"一个带电粒子在匀强磁场中的运动"。从知识体系上看"带电粒子在磁场中的运动"是第二单元"洛仑兹力及其应用"的重要组成部分，是对"磁场对运动电荷的作用"的延续和补充，只有理解并掌握了该知识点，才能正确、独立地去分析和处理如质谱仪、回旋加速器等应用洛仑兹力的相关问题，让该单元知识学以致用，得到升华。

难点：难点的确定应依据学生情况。由于我校是省示范高中，学生基础比较好，起点较高，理解力较强，一些知识只要教师引导适当，学生理解起来是不成问题的。但是，学生对匀速圆周运动的条件和特点有所遗忘，因此对带电粒子在匀强磁场中的运动性质的判断不易顺利过渡；另外，学生对洛仑兹力的大小、方向的判断，对左手定则的运用应该有一个过渡过程；加之，本节内容理论性较强，有一定的深度，都会给本节内容的教学带来困难。所以，我将难点确定为"带电粒子在匀强磁场中的运动性质的判断"和"带电粒子在匀强磁场中做圆周运动的规律的导出及应用"，并注意在教学过程中教学方法的选

择、教学手段的运用，加以学法的指导。

（二）教学方法中，遵循直观性原则和统一原则

巴班斯基说过："教学方法是教师与学生之间相联系的活动方式及途径，这种活动是为了在教学过程中使教学、教育和学生的发展达到一定的目的。"为了达到"用较少的时间和不太多的精力取得最大的效率"的目的，我力求遵循学生的认知规律并遵循夸美纽斯《大教学论》中阐述的"直观性原则"和"教师组织、引导、帮助和支持作用与学生主动性相统一"的原则。

著名教育家陶行知说过："发明千千万万，起点是疑问。"学生有疑问，才会进一步思考探索，才能有所发现，有所创新。所以我在教学中：①多次应用启发式教学。孔子曰："不愤不启，不悱不发，举一隅不以三隅反，则不复也。"在学生"心求通而未得""口欲言而未解"时进行启发，使学生豁然开朗，能够充分体现"教为主导，学为主体"的原则，变学生"要我学"为"我要学"，使学生成为课堂的真正主人；②设置知识台阶，将问题一分为三，化难为易；③运用对比迁移方法，引导学生自觉地将知识纳入系统；④口头练习与书面练习相结合。这样会帮助学生掌握科学的方法，使学生的学习效率大大提高，也会使他们的探索更为有效，走向创新。

由于良好的认识方法将会使人获得更多更新的知识、终身受益，因此，我注意在课堂教学中"重视学法指导，培养创新思维"。学法可简单概括成十个字："抓实质，用迁移，转化分解"，就是引导学生挖掘知识的内在联系及本质；指导学生运用知识的迁移，解决新问题；并将问题转化分散，降低难度，真正由"学会"向"会学"转化。

突出重点、突破难点是教学活动中永恒的主题，实施创新教育，需多渠道、多层次地开展创新活动。因此，在突出重点、突破难点时，我采用了加入实验及微机模拟等手段，引导学生将分散的知识连接成线，形成知识网络；把难度降低到最低程度，同时增大了教学的容量和直观性，提高了课堂效率和教学质量。

(三) 教学开始阶段，采用比较质疑和创见质疑的导课方式

在教学过程的开始阶段，我采用了"比较质疑"和"创见质疑"两种导课方式，一方面能够联系已有的知识、以旧代新，另一方面演示实验的加入让师生共同参与，增强了直观性，又激发了学生学习的兴趣，使学生很快进入状态。其中我配置的6道讨论题和两道例题，由浅入深向本课的核心问题过渡，微机模拟与学生总结相呼应，引导学生提出粒子做匀速圆周运动的规律问题，并请学生推导。

在课堂教学进行过程中，我鼓励学生积极参与，通过学生

的板书、学生的讲解，锻炼了学生的自学能力和演讲能力，间以教师对讨论中出现的问题，诸如"解题规范""是否做圆周运动""$R \propto v$""T 与 v 和 R 无关"等等的点拨与修正，同时辅以微机模拟和实验验证，增强了学生回答问题的信心，提高了他们分析问题的能力和答辩能力，培养了学生良好的心理素质和遇难不惧的好习惯。学生设计的板书逐步完整，成了学生能力与参与意识的体现，课堂气氛非常活跃。

对例题进行讨论之后，我利用洛伦兹力演示仪的加速电压挡和励磁电源演示有关结论，与前面的演示实验呼应，验证了对前面已给结论的正确性和可靠性；创设了一个良好而美妙的教学情景，使学生在轻松愉快的氛围中接受新知识，正好体现了教育心理学所阐述的原理——人在学习态度上愉悦的情感体验能够转化成内在的学习动力，掀起了本节课的又一次高潮，真正实现了理论与实际的完美结合。

在本节内容的最后阶段，我向学生推荐，4 道内容渐深、难度递增的练习题，仍由学生自己分析、归纳、总结、讲解，使学生尽最大可能参与到课堂的教与学中来。尤其是后两道题有一定的难度，但由于把微机模拟的动感效应与严密的物理事实相结合，采取分层次练习，考察学生的应用能力和知识迁移能力，刺激学生的思维，激发学生的兴趣，仍能使大部分学生充分体验成功的喜悦。这些练习题的选择与设计既能面向全体学生，又有层次性、有区分度，体现了因材施教的原则。

在本节课的最后阶段，我仍然引导学生将本节内容归纳总结，以期对练习中出现的问题及时解决，并将学过的知识归纳整理，给本节课画上了一个圆满的句号。

总之，我努力在教学过程中坚持"以创新为目标，以学生整体发展为基础，以学生个体成材为重点，以学生主体参与为关键，以开放式教育教学活动为重要途径"的教学理念，扮演学生学习的"组织者、引导者、帮助者、支持者"，为培养德、智、体、美劳全面发展和个性健康发展，高素质、高层次的新型人才做了勇敢的尝试和探索。

参考资料

闫桂琴.《中学物理教学论》[M] 北京：北京师范大学出版社，2010.

教学研讨

　　课堂教学是个性化的艺术，但是在教学过程中我们精心设计的教学环节也许对于学生、对于课堂来说是微效甚至是有明显不足的，只有通过教师们的共同研讨、集思广益、互相启发、智慧共享，我们才能发现自己设计的不足，让有效的教学过程占领课堂。

◎"深度学习背景下'以问题为中心的高效课堂'校本教学理念"践行实录

"深度学习背景下'以问题为中心的高效课堂'校本教学理念"践行实录

在黑龙江省东南学校协作体"高效课堂经验交流"研讨活动中,来自全省各地的物理名师们交流最多的就是对"同课异构"的大力褒扬。

"同课异构"教研活动,可以理解为同一年级相同学科的教师讲授同样的教学内容,通过不同的教学设计来呈现不同的教学效果,从而达到教学研究目的的活动。每一位授课的老师各显其能,做了多彩的课堂展示,可以说是精彩纷呈、各有千秋,呈现了课堂教学的多样化。

在"同课异构"教研活动中,通过听课学习和讲课,笔者发现"同课异构"对提高课堂教学的有效性有很大帮助。它可以促进课堂优势互补,使教师之间互相启发,智慧共享。而且相同的课题便于教师理解教材、深入挖掘教材。通过"同课异构"的对比研究,开展实质性的讨论与反思,可以促进教师的专业成长。"同课异构"活动也给我们教师"个人自备,分头施教"提供了一个很好的模式和学习范本。

"同课异构"的本身属性决定了授课教师教学风格的多样化,让人感受到了不同的授课风格,在鉴赏中寻找差异,在比较中学习特性。在我们当时的高二物理教研组内,王庆海老师的课堂在朴实中见真情,灵活中促情感。整节课,学生在老师

的引领下，师生之间、生生之间进行心灵交流，老师能和学生融为一体，让学生们的思维得以扩散。笔者能感受到他真的用心在讲课，整个课堂很大气，教态自然大方。陈霞老师的课最大的特点就是重视创设有实际意义的真实环境，极大地激发了学生观察和交际的兴趣。魏宝林老师在学生交流之前有明确的要求，交流之中适时指导，更重要的是能把自己的发现及发现的过程讲给学生们听，不仅以自身的热情感染学生，还最大限度地激起学生交流的欲望。李岩老师课前创设情境，激发学生学习欲望，教师和学生配合默契，使课堂更有真实感。

在这次大型教学研讨活动中，王庆海老师的专题展示课《闭合电路欧姆定律的应用》和魏宝林老师的专题展示课《滑动摩擦力（一）》受到来自全省各名校教师的一致好评。会议现场，笔者对两位年轻教师的展示课做了科学客观的点评，并与哈师大附中的张国栋老师交换了意见，赢得了与会同行对我校教育教学理念和教师业务能力的一致肯定和赞许。

在"电源的输出功率"习题课教学中，笔者帮助指导王庆海老师站在学生的视角，从"同课异构"两个不同的角度进行了如下教学设计。

1. 第一套方案

（1）$P=UI$，$U=IR$，$I=\dfrac{E}{r+R}$。其中"E"和"r"分别是电源电动势和电源内阻，"U"和"I"分别是路端电压和电路总电流；而对于纯电阻电路，R 就是指外电路负载电阻。

（2）于是 $P=\left(\dfrac{E}{r+R}\right)^2 R=\dfrac{E^2 R}{(r+R)^2}=\dfrac{E^2 R}{(R-r)^2+4rR}$，

则有 $P = \dfrac{E^2}{4r + \dfrac{(R-r)^2}{R}}$。

(3) 当 $R=r$ 时，电源的输出功率最大，即 $P_m = \dfrac{E^2}{4r}$。若结合定性对应的曲线可以探究 P 随 R 的变化规律。

2. 第二套方案

(1) 由能量守恒定律可知 $P = EI - I^2 r$。

(2) 上式是形如 $y = bx + ax^2$ 的一元二次函数。

其中，二次项系数 $a = -r$ 抛物线开口向下。当满足 $x = -\dfrac{b}{2a}$ 时，y 具有最大值 $y = \dfrac{4ac - b^2}{4a}$。

(3) 由此可知，当 $I = \dfrac{E}{2r}$ 时，电源的输出功率具有最大值 $P_m = \dfrac{E^2}{4r}$。

(4) 在该设计中，如果外电路是纯电阻性质的，即负载电阻也为 R。则满足 $R=r$ 时，$I = \dfrac{1}{2} \cdot \dfrac{E}{r} = \dfrac{1}{2} \cdot I_0$，其中 $I_0 = \dfrac{E}{r}$ 为短路电流。如果结合过坐标原点开口向下的对称的抛物线，可以由 P 随 I 的变化规律定量计算相关信息，其物理意义一目了然。

两种不同的教学设计不仅让学生们获得了不同的认识，也令当时到我校参加教研活动的哈师大附中的张国栋老师感触颇深——张老师谦虚地发表意见"耳目一新"；同时更会令教学活动的操作者收益颇丰。

又如，在这次教学研讨活动期间，作为牡丹江师范学院专业硕士校外导师，笔者鼓励李鸢锋、马静雯两位同学站在学生的视角，针对"位移与时间的关系 $x=v_0t+\frac{1}{2}at^2$"和"位移与速度的关系 $v^2-v_0^2=2ax$"，从"同课异构"的角度尝试进行如下不同的模拟教学设计，并邀请与会专家参与指导。

3. 李鸢锋同学的设计方案

3.1 关于"$x=v_0t+\frac{1}{2}at^2$"的推证

（1）由做匀速直线运动的 v–t 图像可以看出，在时间 t 内的位移 x 对应着色部分的矩形"面积"。进而引导学生，在时间 t 内的位移与时间会有怎样的关系呢？

（2）这个方法，对分析匀变速直线运动的位移问题有很好的启示。

若某物体做匀变速直线运动的 v–t 图像如图所示，初速度为 v_0，加速度为 a。做匀变速直线运动的物体，其位移大小可以用 v–t 图像中着色的直角梯形的"面积"来表示。

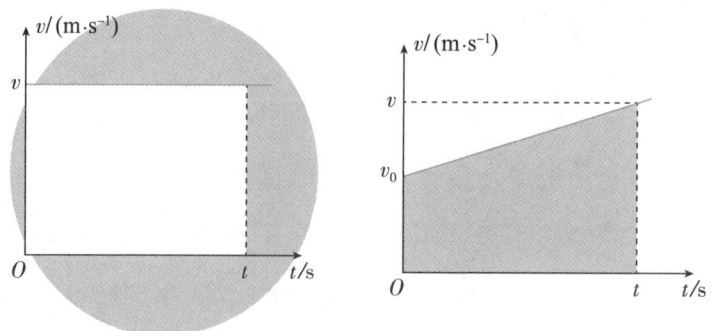

由①$x=\frac{1}{2}(v_0+v)t$ 及②$v=v_0+at$ 可得 $x=v_0t+\frac{1}{2}at^2$，这就是

匀变速直线运动位移与时间的关系式。

3.2 关于"$v^2-v_0^2=2ax$"的推证

由①$x=v_0t+\frac{1}{2}at^2$ 及②$v=v_0+at$ 联立消去时间 t，可得 $v^2-v_0^2=2ax$，这就是匀变速直线运动的速度与位移的关系式。

4. 马静雯同学的设计方案

4.1 关于"$x=v_0t+\frac{1}{2}at^2$"的推证

（1）板演数列"$a=-1$、$b=0$、$c=1$、$d=2$、$e=3$"，并请学生观察其特点和能够发现的简单规律。学生们很快发现，这列数字"均匀"变化。

（2）介绍通常意义的"平均值"和"算术平均值"。鼓励学生研讨，并请四名学生作为代表，分成两组板演这列数字的"平均值"和"算术平均值"。

（3）大多数学生都能很快地提供以下结果：

① "平均值" $\overline{A}=\frac{a+b+c+d+e}{5}=\frac{-1+0+1+2+3}{5}=1$

② "算术平均值" $\overline{B}=\frac{1}{2}(a+e)=\frac{1}{2}\times(-1+3)=1$

学生们发现，这列数字在满足"均匀"变化的条件下，竟然有 $\overline{A}=\overline{B}$。

（4）进而引导学生，既然匀变速直线运动的速度随时间"均匀"变化，该过程物体的"平均速度"也一定等于"初速度"和"末速度"的"算术平均值"，即 $\overline{v}=\frac{1}{2}(v_0+v)$。

(5) 结合 "平均速度" 的基本定义 "$\bar{v} = \dfrac{x}{t}$", 可由

①$x = \bar{v}t = \dfrac{1}{2}(v_0+v)\ t$ 及 ②$v = v_0 + at$, 可得 $x = v_0t + \dfrac{1}{2}at^2$, 这就是匀变速直线运动位移与时间的关系式。

4.2 关于 "$v^2 - v_0^2 = 2ax$" 的推证

由①$x = \bar{v}t = \dfrac{1}{2}(v_0+v)\ t$ 及 ②$t = \dfrac{v-v_0}{a}$ 联立消去时间 t, 可得 $v^2 - v_0^2 = 2ax$, 这就是匀变速直线运动的速度与位移的关系式。

两位实习生,两种不同的教学设计,同样引起了与会专家和老师们的共鸣。老师们既肯定了李鸢锋同学扎实的基本功和良好的素养,又格外赞赏马静雯同学打破常规、敢于突破的创新思维。

通过这样的"同课异构"教研活动,我们明白了课堂教学是个性化的艺术,但是在教学过程中我们精心设计的教学环节也许对于学生、对于课堂来说是微效甚至是有明显不足的,只有通过老师们的共同研讨,集思广益,我们才能发现自己设计的不足,让有效的教学过程占领课堂。"同课异构"让我们真正地认识到了在听与评的过程中总结经验,发现问题,在批判继承先行者的基础上再做教学设计,在对许多问题的研讨中,取得比较一致的认识,更重要的是从异同中领悟到许多有价值的东西。这样才能达到激发内在潜能,张扬个性,从而追求异中有同、同中求异的境界。

这次研讨活动之后,笔者有针对性地撰写了关于牡一中高二物理教研组工作的文章《如何践行"'以问题为中心的高效课堂'校本教学理念"》，得到广泛交流。

在日常教育教学工作中，笔者还特别重视和刚刚走入工作岗位的年轻教师交流经验，既要帮助他们迅速成长，又要虚心向青年教师学习。一方面，要诚恳指出他们的不足；另一方面，也要学习他们的乐观和阳光，以期共同进步。如今，关文颖、王庆海、陈霞和魏宝林老师都走进了实验班教育教学岗位，都书圣、李泓、孙薇薇和赵慧聪老师在青年教师汇报课中的出色表现也获得了到场专家们的一致好评。

不仅如此，笔者还在校内教研活动中身先士卒以身作则，充分发挥专业引领的积极作用。

作为物理教研组长，笔者在和同行们的教研和教学活动中也形成了一些行之有效的工作方法，重点围绕"有效教研"和"高效课堂"相结合的工作风格开展教研活动。

（1）首先确定了"时间确定、地点确定、人员确定"的集体教研模式。

①我们的教研组既有李成喜老师这样的资深教师，又有兼职实验班班主任的韩勇慧老师，还有承担三个班教学任务的都书圣和刘明星老师以及担任班主任工作的关文颖老师和孙薇薇、李泓老师。不管老师们多忙、多累，集体教研都是雷打不动的。

②在教研过程中，我们既要有针对性地对上一周教学工作进行认真总结、细致剖析；又要针对实验班、平行班、加强班的具体情况，有预见性地对未来两周的教学实施提前规划。坚决杜绝"加强班规定的动作完不成"、"实验班自选的动作没有高度和深度"这种情况发生。

③教研组的每一名教师，人手一份教学日历、教学进度表。每一次教研都提前两周确定中心发言人，提前一周设置中心议题；每一次都要请李成喜或韩勇慧老师作指导性总结。

（2）另外，我们全体老师都本着"大合作、小竞争"的教学工作理念，强调教研组工作的四统一，就是同层次的教学班要做到：

①教学进度、教学计划要统一；

②教案、学案要统一；

③布置的作业要统一；

④每日一题、周末检测要统一。

（3）笔者所在的物理教研组所有教师教研工作既有明确分工，又有团结协作：

专人负责省内各名校相关信息的采集；专人负责完善题库；专人负责每日一题；专人负责周末检测；专人负责面向学生的兴趣小组的专题讲座；专人负责学优生的集中培训以便向自主招生、奥赛集训输送人才……

例如，在"黑龙江省东南学校协作体'高效课堂经验交流'研讨活动"中，高二教研组的王庆海、魏宝林老师的两节展示课受到了来自哈师大附中、佳木斯一中等全省许多学校的名师和专家的一致好评。他们展示的《闭合电路欧姆定律的应用》和《滑动摩擦力（一）》就来源于当时笔者所任教研组长的高二教研组面向全学年学生的系列讲座。

典例分享篇

　　素质教育、创新教育从来都不排斥考试、考查与考核，应试技能理应成为一名合格的高中学生在学习生活中不可或缺的重要一环。科学合理、适度适量的试题训练，会令学生在由最初的"恐惧考试"到"接受考试""体验考试"，再到"适应考试"甚至"期待考试"，最后变为"享受考试"的历程中成长……

典例解析

　　好的物理试题，能够不断牵引学生进行思考，让其在解决问题中收获成功的喜悦。

　　好的物理试题不是以难取胜，而是如同一面镜子，不仅能反映命题人的学科思想，也能照射出学生的科学素养。

◎ "一核四层四翼"是指导命题的规范性文件

◎ 直线运动与匀变速直线运动知识概要

◎ 巧解"竖直上抛运动"

◎ "静力学与动力学"典例解读

◎ 典型实验问题解读

◎ 万有引力定律与匀变速直线运动结合

◎ 微元法在动能定理和动量定理的体现

◎ 斜上抛运动及类斜上抛运动模型的灵活运用

◎ 近代物理之"光电效应"及"核反应"信息点集萃

◎ 光经矩形截面玻璃砖折射后的侧移量

◎ "电磁感应与数理结合"小专题分享

"一核四层四翼"是指导命题的规范性文件

一、关于"一核四层四翼"

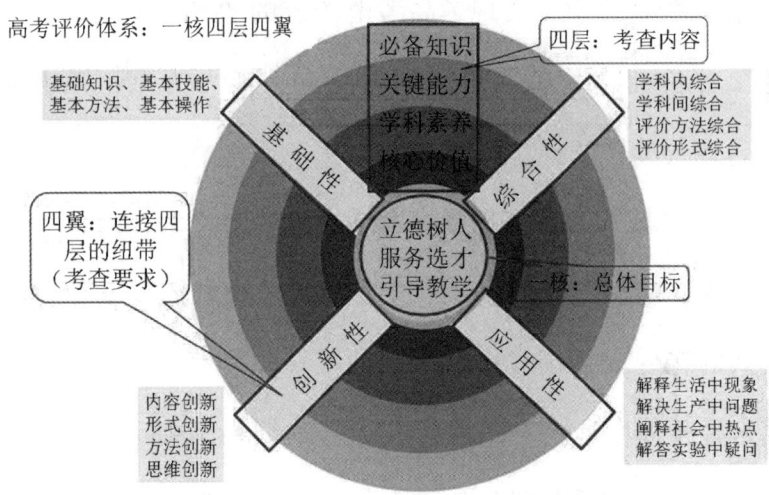

1. "一核"是高考的核心功能，即"立德树人、服务选才、引导教学"，是对素质教育中高考核心功能的概括，回答"为什么考"的问题。

2. "四层"为高考的考查内容，即"核心价值、学科素养、关键能力、必备知识"，是素质教育目标在高考中的提炼，回答"考什么"的问题。

3. "四翼"为高考的考查要求，即"基础性、综合性、应用性、创新性"，是素质教育的评价维度在高考中的体现，回

答"怎么考"的问题。

二、关于高考评价体系的创新

1. 高考评价体系的创新主要体现在三个方面：在教育功能上，实现了高考由单纯的考试评价向立德树人重要载体和素质教育关键环节的转变；

2. 在评价理念上，实现了高考由传统的"知识立意""能力立意"评价向"价值引领、素养导向、能力为重、知识为基"综合评价的转变；

3. 在评价模式上，实现了高考从主要基于"考查内容"的一维评价模式向"考查内容、考查要求、考查载体"三位一体评价模式的转变。

高考评价体系是制定命题标准的基本纲要，在高考评价体系确定的"一核四层四翼"整体框架下制定的学科标准明确了考试的性质与功能，规定了考试的内容与形式，是指导命题的规范性文件，也是学生复习备考的重要参考。

在高考评价体系的新模式下，高考题需要分别从题眼、关键能力、必备知识、情境设计、解题思路等多方面对考生进行考查，力争打破唯分数的单一人才选拔模式，具有重要意义。

三、关于教学实践体验

实践体验篇是作者以"一核四层四翼"为指导，依据《中国高考评价体系》，结合日常教学工作的思考，以"研读《普通高中物理课程标准》之后的一次教学设计""深度学习背景下'以问题为中心的高效课堂'校本教学理念"和"典例解析、试题集萃"为切入点，包括可供选择的教学设计、方法，解决典型物理问题的技巧，物理习题的收集与分享等内容，以及怎样发展学生的非智力因素、怎样分析具体的物理问题、怎样帮助学生进行探究、怎样突出教学重点、怎样突破难点等多方面的探索。

直线运动与匀变速直线运动知识概要

一、复习目标与思维方法

（一）背景材料

汽车在平直公路上行驶、运动员百米跑、交接棒训练。

（二）命题素材

汽车刹车反应时间、制动距离、田径接力赛、汽车的追及相遇。

（三）知识要点

1. 区分两种速度：瞬时速度、平均速度。

2. 理解加速度。

（1）判断物体速度变化的快慢，暂时只需看加速度的大小；

（2）判断物体速度的大小变化，只需看加速度的方向与速度的方向是否相同。

3. 熟练掌握匀变速直线运动规律。

（1）匀变速直线运动的四个基本规律（均为矢量运算）

①$v_t = v_0 + at$；②$x = v_0 t + \frac{1}{2} at^2$；③$v_t^2 - v_0^2 = 2ax$；④$\bar{v} = \frac{1}{2}(v_0 + v_t)$。

〈a〉注意：由 $x = v_0 t + \frac{1}{2} at^2$ 和 $\bar{v} = \frac{x}{t}$，可知 $\bar{v} = v_0 + \frac{at}{2}$，同时 $at = v_t - v_0$；所以 $\bar{v} = \frac{1}{2}(v_0 + v_t)$。

⟨b⟩ 注意：由 $x=\bar{v}t=\frac{1}{2}(v_0+v_t) \times \frac{v_t-v_0}{a}$，所以 $v_t^2-v_0^2=2ax$。

（2）推论：⟨Ⅰ⟩ ① $v_{t/2}=\bar{v}=\frac{x}{t}=\frac{1}{2}(v_0+v_t)$（常用于处理实验中的纸带问题）。

注意：由 $x=v_0t+\frac{1}{2}at^2$ 和 $\bar{v}=\frac{x}{t}$，可知 $\bar{v}=v_0+\frac{1}{2}at=v_0+a\left(\frac{1}{2}t\right)=v_{t/2}$

② $v_{x/2}=\sqrt{\frac{v_0^2+v_t^2}{2}}$（常用于特殊运动背景的计算）。

注意：设质点由 A 经 B 到 C 做匀变速直线运动，且 $AB=BC=x$；则由 $v_B^2-v_A^2=2ax$，$v_C^2-v_B^2=2ax$；∴ $v_B^2-v_A^2=v_C^2-v_B^2$，故 $v_B^2=\frac{v_A^2+v_C^2}{2}$。

特别注意：无论质点做匀加速还是匀减速直线运动，都有 $v_{t/2}<v_{x/2}$！

⟨Ⅱ⟩ $\Delta X=aT^2$，即任意两个连续相等的时间间隔的位移之差必为恒量（常用于处理实验中的纸带问题，是"逐差法"测算加速度的基础）

注意：①令 $\Delta T_{AB}=\Delta T_{BC}=T$；② $X_{AB}=v_AT+\frac{1}{2}aT^2$；$X_{BC}=v_BT+\frac{1}{2}aT^2$

③ $X_{BC}-X_{AB}=(v_B-v_A)T$，而 $v_B-v_A=aT$；故，$\Delta X=X_{BC}-X_{AB}=aT^2$。

（3）初速度为0的匀加速直线运动的特殊结论

①$v_0=0$，质点经连续相邻相等时间间隔 T；则：

a. T末、$2T$末、$3T$末……nT末的瞬时速度之比为

$v_1 : v_2 : v_3 : \cdots\cdots : v_n = 1 : 2 : 3 : \cdots\cdots : n$。

b. T内、$2T$内、$3T$内……nT内的位移之比为

$x_1 : x_2 : x_3 : \cdots\cdots : x_n = 1^2 : 2^2 : 3^2 : \cdots\cdots : n^2$。

与之对应的"平均速度"之比为 $\overline{v_1} : \overline{v_2} : \overline{v_3} : \cdots\cdots : \overline{v_n} = 1 : 2 : 3 : \cdots\cdots : n$。

c. 第一个 T 内、第二个 T 内、第三个 T 内……第 n 个 T 内位移之比为

$x_1 : x_2 : x_3 : \cdots\cdots : x_n = 1 : 3 : 5 : \cdots\cdots : (2n-1)$。

②$v_0=0$，质点经连续相邻相等位移 X；则：

a. 通过前 X、前 $2X$、前 $3X$、……前 nX 位移时的速度之比为

$v_1 : v_2 : v_3 : \cdots\cdots : v_n = 1 : \sqrt{2} : \sqrt{3} : \cdots\cdots : \sqrt{n}$。

注意：由 $v^2 - 0^2 = 2aX$，有

$v = \sqrt{(2a)X} \propto \sqrt{X}$

b. 通过前 X、前 $2X$、前 $3X$……前 nX 位移所用时间之比为

$t_1 : t_2 : t_3 : \cdots\cdots : t_n = 1 : \sqrt{2} : \sqrt{3} : \cdots\cdots : \sqrt{n}$。

注意：由 $v=at$ 有 $v \propto t$

c. 通过连续相邻相等位移 X 所用时间之比为

$t_1' : t_2' : t_3' : \cdots\cdots : t_n' = 1 : (\sqrt{2}-1) : (\sqrt{3})-\sqrt{2}) : \cdots\cdots : (\sqrt{n})-\sqrt{n-1})$。

4. 掌握常用的解题方法。

（1）比值法：位移比、速度比、时间比，常用于自由落体运动。

（2）逆向思维法：常用于匀减速直线运动。

（3）对称法：常用于处理竖直上抛运动或类上抛运动问题等。

（四）图表资料

1. x-t 图像、v-t 图像（如图甲、乙所示）。

图像的纵、横轴分别表示的是什么物理量？图像的斜率、截距代表什么意义？形状完全相同的图线，在不同图像（坐标轴的物理量不同）中意义会完全不同。

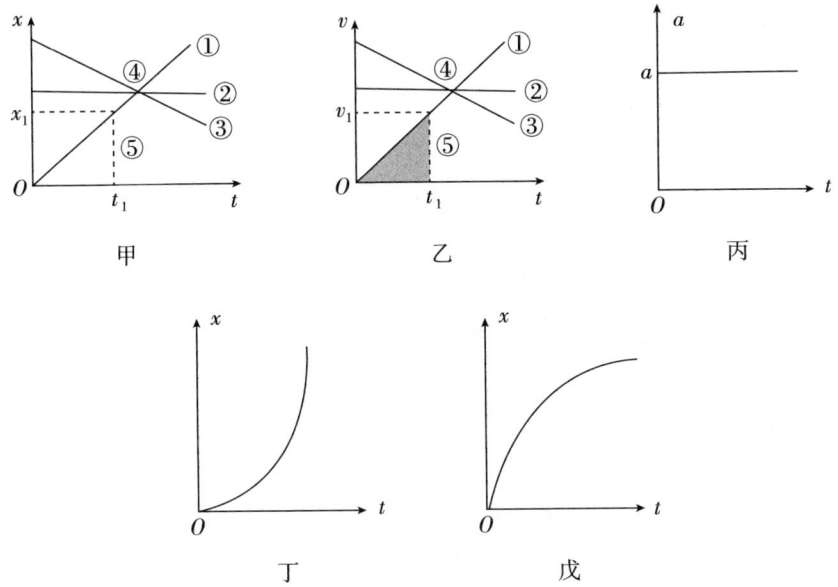

甲　　　　乙　　　　丙

丁　　　　戊

2. 匀变速直线运动的 a-t 图像是一条平行于时间轴的直线，如图丙所示。

3. 匀变速直线运动的 x-t 图像是一抛物线。

对于匀加速直线运动，抛物线"开口"向上；若是匀减速直线运动，抛物线"开口"向下。此时抛物线的顶点由初速度

大小和加速度大小决定，如图丁、戊所示。即，由 $x = v_0 t + \frac{1}{2} at^2$，对比形如 $y = ax^2 + bx + c$ 的抛物线方程，结合 $x_0 = -\frac{b}{2a}$ 获得。

（五）陷阱误区（丢分点）

1. x–t 图像和 v–t 图像。

（1）x–t 图像和 v–t 图像都只能描述直线运动；

（2）x–t 图像和 v–t 图像的形状并不表示物体的运动轨迹。

2. 平均速度与平均速率。

平均速度的大小不能称为平均速率；平均速率为路程与时间的比值。

3. 理解极限思想。

$\bar{v} = \frac{\Delta X}{\Delta t}$ 中，当 $\Delta t \to 0$ 时，$\bar{v}$ 称为瞬时速度；例如，利用"光电门"（光电计时器）测算瞬时速度。

4. 匀变速直线运动的四个基本规律。

① $v_t = v_0 + at$；② $x = v_0 t + \frac{1}{2} at^2$；③ $v_t^2 - v_0^2 = 2ax$；④ $\bar{v} = \frac{1}{2}(v_0 + v_t)$ 均为矢量运算。应用以上各式，一定要选好正方向，注意各个物理量的正负。

（六）方法技巧

1. 两类特殊的运动问题。

（1）"刹车"类问题。物体做匀减速运动直到速度为零时，即停止运动，其加速度 a 也突然消失。求解此类问题时应先确定物体实际运动的时间，注意题目中所给的时间与实际运动时间的关系。对末速度为零的匀减速直线运动也可以按其逆过程，即初速度为零的匀加速直线运动处理，切忌乱套公式。

（2）"双向可逆"类的运动。例如：一个小球沿光滑斜面以一定初速度v_0向上运动，到达最高点后就会以原加速度匀加速下滑；整个过程加速度的大小、方向不变，所以该运动也是匀变速直线运动。因此求解时可对全过程列方程，但必须注意在不同阶段v、x、a等矢量的正负号。

2. 追及和相遇问题。

（1）追及问题常见的两类情况。

①若后者能追上前者，则追上时，两者处于同一位置，后者的速度一定不小于前者的速度；

②若后者追不上前者，则当后者的速度与前者相等时，两者相距最近。

（2）相遇问题的常见情况。

①同向运动的两物体追及即相遇；

②相向运动的物体，当各自发生的位移大小之和等于开始时两物体的距离时即相遇。

二、重要提示

（1）在追及相遇问题中："速度相等"（同向运动）是两物体相距最近或最远的临界点，后面的物体能否追上前者，往往需要考虑此时的位置关系。

（2）在追及相遇问题中常有三类物理方程：①位移关系方程；②时间关系方程；③临界关系方程。

巧解"竖直上抛运动"

"竖直上抛运动"作为"统一的匀变速直线运动"深入考察了运动规律,还为"数理结合"在解题过程中发挥作用提供了充分的想象空间。

[例] 以初速度 v_0 从地面竖直上抛一物体,已知 t_1 时刻它上升到 h 高处,在 t_2 时刻它又回到同一高度 h 处;已知重力加速度为 g。

试证明:$h = \dfrac{g^2}{4v_0} \cdot t_1 \cdot t_2 \cdot (t_1+t_2)$。

[分析]

(1)针对本问题,如果利用"常规"方法,直接采用竖直上抛运动的基本规律推导,解题流程比较迂回。我们可以采用"数理结合"的方法优化解题过程,摆脱单纯利用物理公式推演的老路。

(2)①选竖直向上为正方向,物体相对于抛出点的位移为 x。

②由竖直上抛运动基本规律 $x = v_0 t - \dfrac{1}{2}gt^2$,可得 $h = v_0 t - \dfrac{1}{2}gt^2$;

即 $t^2 - \dfrac{2v_0}{g}t + \dfrac{2h}{g} = 0$，这是一个关于时间 t 的一元二次方程。

③设 t_1、t_2 为方程的两个根，由"韦达定理"可知：两根之和等于"一次项系数的'相反数'"，两根之积等于"常数项"。即

$$t_1 + t_2 = \dfrac{2v_0}{g}, \quad t_1 \cdot t_2 = \dfrac{2h}{g};$$

则由以上两式相乘可得

$$(t_1 + t_2) \cdot t_1 \cdot t_2 = \dfrac{2v_0}{g} \times \dfrac{2h}{g} = \dfrac{4v_0}{g^2}h。$$

④上式变形可得 $h = \dfrac{g^2}{4v_0} \cdot t_1 \cdot t_2 \cdot (t_1 + t_2)$，得证。

"静力学与动力学"典例解读

静力学专题概要

受力分析与物体平衡几乎是每年必考的内容,近年来着重考查连接体的平衡,而连接体平衡问题涉及"整体法""隔离法"的应用,选题不避常规模型,没有偏难怪题。选择题中物理情境较简单,难度在中等偏易到中等难度之间。即便如此,"解析法""图解法"(如"矢量三角形""矢量圆")是否娴熟,能否"恰当选取研究对象"以及"动态分析"仍然是考查的亮点。

1. 如图(a)所示,两段等长轻质细线将质量分别为 m、$2m$ 的小球 A、B(均可视为质点)悬挂在 O 点,小球 A 受到水平向右的恒力 F_1 的作用,小球 B 受到水平向左的恒力 F_2 的作用,当系统处于静止状态时,出现了如图(b)所示的状态,小球 B 刚好位于 O 点正下方。则 F_1 与 F_2 的大小关系正确的是(   )。

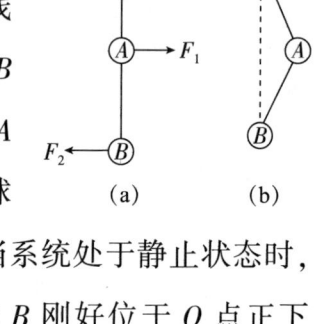

A. $F_1 = 4F_2$ B. $F_1 = 3F_2$

C. $2F_1 = 3F_2$ D. $2F_1 = 5F_2$

[解析]

① A 受到水平向右的恒力 F_1,B 受到水平向左的恒力

F_2；以"A、第 2 段轻线 AB 和 B"整体为研究对象，受力分析如图甲所示。

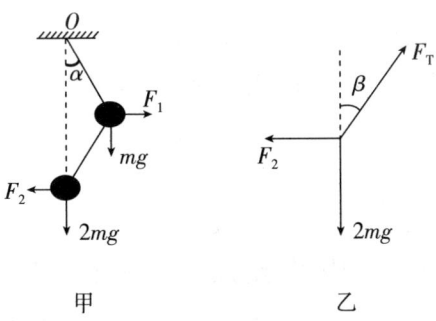

甲　　　　　　　乙

②设 OA 绳与竖直方向的夹角为 α，则由平衡条件得 $\tan\alpha = \dfrac{F_1 - F_2}{mg + 2mg} = \dfrac{F_1 - F_2}{3mg}$。

③以 B 为研究对象，受力分析如图乙所示。设轻线 AB 与竖直方向的夹角为 β，则由平衡条件可得 $\tan\beta = \dfrac{F_2}{2mg}$。

④由几何关系得 $\alpha = \beta$；联立可得 $2F_1 = 5F_2$。故选项 D 正确！

2. 如图所示，柔软轻绳 ON 的一端 O 固定，其中间某点 M 拴一重物，用手拉住绳的另一端 N。初始时，OM 竖直且 MN 被拉直，OM 与 MN 之间的夹角为 α（$\alpha > \dfrac{\pi}{2}$）。现将重物向右上方缓 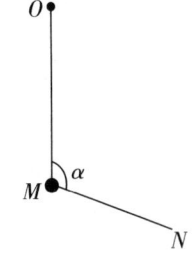 慢拉起，并保持夹角 α 不变。在 OM 由竖直被拉到水平的过程中（　　）

A. N 上的张力逐渐增大

B. MN 上的张力先增大后减小

163

C. OM 上的张力逐渐增大

D. OM 上的张力先增大后减小

[解析]

（1）方法一：利用矢量圆，如图所示。

①重力保持不变，是矢量圆的一条弦，F_{OM} 与 F_{MN} 夹角即圆心角保持不变；

②由图知在 OM 由竖直被拉到水平的过程中，F_{MN} 一直增大到最大，F_{OM} 先增大再减小，当 OM 与竖直夹角为 $\theta=\alpha-90°$ 时 F_{OM} 最大。故选项 A、D 正确。

（2）方法二：设重物的质量为 m，绳 OM 中的张力为 T_{OM}，绳 MN 中的张力为 T_{MN}。开始时，$T_{OM}=mg$，$T_{MN}=0$。

①由于缓慢拉起，则重物一直处于平衡状态，两绳张力的合力与重物的重力 mg 等大、反向。如图所示，已知角 α 不变，在绳 MN 缓慢拉起的过程中，角 β 逐渐增大，则角 $\alpha-\beta$ 逐渐减小，但角 θ 不变。

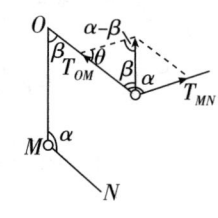

②在三角形中，利用正弦定理 $\dfrac{T_{OM}}{\sin(\alpha-\beta)}=\dfrac{mg}{\sin\theta}$，$\alpha-\beta$ 由钝角变为锐角，则 T_{OM} 先增大后减小，选项 D 正确；同理，$\dfrac{T_{MN}}{\sin\beta}=\dfrac{mg}{\sin\theta}$，在 β 由 0 变为 $\dfrac{\pi}{2}$ 的过程中，而 T_{MN} 一直增大，选项 A 正确。

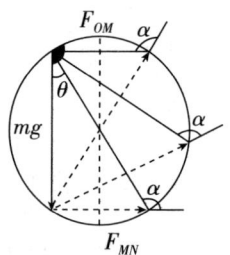

3. 如图所示，质量为 m 的物体置于倾角为 θ 的固定斜面上，物体与斜面之间的动摩擦

因数为 μ，先用平行于斜面的推力 F_1 作用于物体上使其能沿斜面匀速上滑，若改用水平推力 F_2 作用于物体上，也能使物体沿斜面匀速上滑，则两次的推力之比 $\dfrac{F_1}{F_2}$ 为（　　）

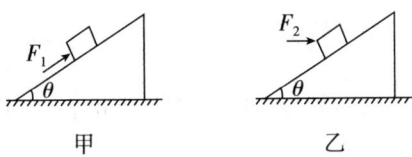

甲　　　　　　　乙

A. $\cos\theta+\mu\sin\theta$　　　　B. $\cos\theta-\mu\sin\theta$

C. $1+\mu\tan\theta$　　　　　　D. $1-\mu\tan\theta$

[解析]　B

（1）物体在力 F_1 和 F_2 的作用下运动时的受力分析分别如图1、图2所示。

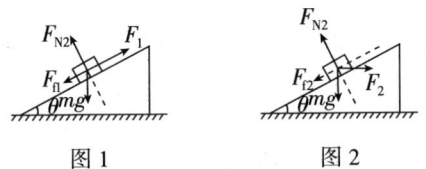

图1　　　　图2

（2）将物体受力沿斜面方向和垂直斜面方向正交分解，由平衡条件可得：

① $F_1=mg\sin\theta+F_{f1}$，$F_{N1}=mg\cos\theta$，$F_{f1}=\mu F_{N1}$；

解得 $F_1=mg\sin\theta+\mu mg\cos\theta$。

② $F_2\cos\theta=mg\sin\theta+F_{f2}$，$F_{N2}=mg\cos\theta+F_2\sin\theta$，$F_{f2}=\mu F_{N2}$；

解得 $F_2=\dfrac{mg\sin\theta+\mu mg\cos\theta}{\cos\theta-\mu\sin\theta}$。

故，$\dfrac{F_1}{F_2}=\cos\theta-\mu\sin\theta$；选项B正确。

动力学专题概要

本专题主要包括"连接体模型"和动力学中的"临界极值"两个问题,"连接体模型"通常是两个或两个以上的物体牵连、并排或叠放,处理"相对静止类"连接体问题的关键点是"一个核心规律,两个重要方法",即"牛顿运动定律""整体法与隔离法";"临界极值"问题要把握"临界值"和"极值条件"的标志,如"刚好""恰好""正好""最大""最小""至多""至少""最终""稳定"等关键词。在这类问题中,"数形结合"解决"动力学图像问题"是近年的高频考点;在图像问题中,无论是读图还是作图,都应尽量先建立函数关系,进而明确"图像与公式""图线与物体"间的关系,然后根据函数关系读取图像信息或者描点作图;读图时,要注意图线的起点、斜率、截距、折点以及图线与横坐标轴包围的"面积"等所对应的物理意义,尽可能更多地提取解题信息。

4. 一轻弹簧的一端固定在倾角为 θ 的固定光滑斜面的底部,另一端和质量为 $2m$ 的小物块  A 相连,质量为 m 的小物块 B 紧靠 A 静止在斜面上;如图所示,此时弹簧的压缩量为 x_0。从 $t=0$ 时开始,对 B 施加沿斜面向上的外力,使 B 始终做加速度为 a 的匀加速直线运动。经过一段时间后,物块 A、B 分离。弹簧的形变始终在弹性限度内,重力加速度大小为 g。若 θ、m、x_0、a 均已知,则下列说法正确的是(   )。

A. 根据已知条件,可求出从开始到物块 A、B 分离所用的时间

B. 根据已知条件,可求出物块 A、B 分离时的速度大小

C. 物块 A、B 分离时，弹簧的弹力恰好为零

D. 物块 A、B 分离后，物块 A 开始减速

[解析]

①分离的瞬间 A、B 有共同的加速度和速度，且此时 A、B 之间的相互作用力为零。

②设分离时的加速度为 a，弹簧的压缩量为 x。

对 B 有：$F - mg\sin\theta = ma$。对 A 有：$kx - 2mg\sin\theta = (2m)a$。

③A、B 分离前一起做匀加速直线运动，则 $x_0 - x = \dfrac{1}{2}at^2$。

④在初始状态时对整体受力分析有 $kx_0 = (3mg)\sin\theta$。

⑤联立以上方程，可求得从开始到物块 A、B 分离所用的时间，A 正确，C 错误。

物块 A、B 分离时的速度 $v = at$，B 正确。物块分离后，物块 A 先做加速度减小的加速运动，D 错误。

故答案为 AB。

5. 如图，轻弹簧的下端固定在水平桌面上，上端放有物块 P，系统处于静止状态。现用一竖直向上的力 F 作用在 P 上，使其向上做匀加速直线运动。以 x 表示 P 离开静止位置的位移，在弹簧恢复原长前，下列表示 F 和 x 之间关系的图像可能正确的是（　　）。

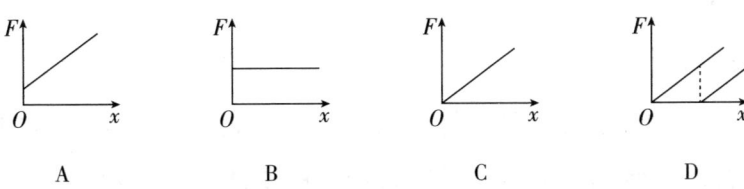

A　　　　B　　　　C　　　　D

[解析]

①系统最初静止时,弹簧压缩量为 x_0,有 $F_{N0} = kx_0 = mg$。

②对物块 P 受力分析,根据牛顿第二定律 $F+F_N-mg = ma$;其中位移 $x=x_0-x_p$,此时的弹簧压缩量为 x_p,弹力 $F_N = kx_p = k(x_0-x)$。

③则 $F+k(x_0-x)-mg=ma$,$kx_0=mg$;即 $F=kx+ma$(一次函数)。其中 $t=0$,$x=0$ 时,$F_0=ma$。该过程随 x 增加,F_N 变小,F 变大。选项 A 正确。

6. 如图所示,质量 $m=2$ kg 的小球用细绳拴在倾角 $\theta=37°$ 的光滑斜面上,此时,细绳平行于斜面。g 取 10 m/s^2,$\sin 37°=0.6$,$\cos 37°=0.8$。下列说法正确的是( )。

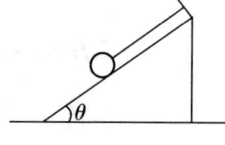

A. 当斜面以 5 m/s^2 的加速度向右加速运动时,细绳拉力为 20 N

B. 当斜面以 5 m/s^2 的加速度向右加速运动时,细绳拉力为 30 N

C. 当斜面以 20 m/s^2 的加速度向右加速运动时,细绳拉力为 40 N

D. 当斜面以 20 m/s^2 的加速度向右加速运动时,细绳拉力为 60 N

[解析]

小球刚好离开斜面时的临界条件是斜面对小球的弹力恰好为零;斜面对小球的弹力恰好为零时,设细绳的拉力为

F_0，斜面的加速度为 a_0。

①对小球，有 $F_0 \cos\theta = ma_0$，$F_0 \sin\theta - mg = 0$；

则 $a_0 = \dfrac{\cos\theta}{\sin\theta}g = \dfrac{4}{3} \times 10 = 13.33 \text{ m/s}^2$。

②因 $a_1 = 5 \text{ m/s}^2 < a_0$，小球仍在斜面上，此时小球受力分析如图甲；

对小球，$F_1 \sin\theta + F_N \cos\theta - mg = 0$，$F_1 \cos\theta - F_N \sin\theta = ma_1$；解得 $F_1 = 20 \text{ N}$。

选项 A 正确，B 错误！

③因 $a_2 = 20 \text{ m/s}^2 > a_0$，小球已"飘离"斜面，此时小球受力分析如图乙，设细绳与水平方向夹角为 α；

对小球，$F_2 \cos\alpha = ma_2$，$F_2 \sin\alpha = mg$；由 $F_2^2(\cos^2\alpha + \sin^2\alpha) = m^2(a_2^2 + g^2)$，得 $F_2 = 20\sqrt{5} \text{ N}$。

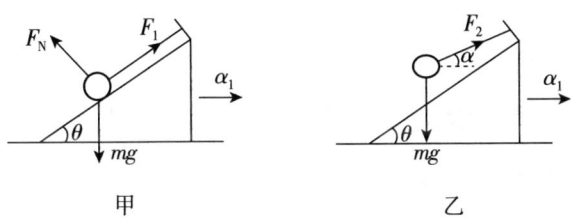

甲　　　　　　　乙

选项 CD 错误。

[补充]

（1）针对 "$a_1 = 5 \text{ m/s}^2$"，可将 a_1 分解为 $a_{1x} = a_1 \cos\theta$ 和 $a_{1y} = a_1 \sin\theta$；

沿斜面向上，由 $F_1 - Mg\sin\theta = ma_{1x}$ 可得 $F_1 = Mg\sin 37° + ma_1 \cos 37°$，即 $F_1 = 20\text{N}$。

（2）针对"$a_2 = 20 \text{ m/s}^2$"，$\tan \alpha = \dfrac{g}{a_2} = \dfrac{1}{2}$；即 $\sin \alpha = \dfrac{1}{\sqrt{5}}$，

$F_2 = \dfrac{mg}{\sin \alpha} = 20\sqrt{5} \text{ N}$。

7. 如图所示，质量为 m_1 和 m_2 的两个材料相同的物体用细线相连，在大小恒定的拉力 F 作用下，先沿水平面，再沿斜面，最后竖直向上匀加速运动，不计空气阻力，在三个阶段的运动中，细线上的拉力大小(　　)

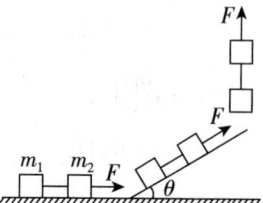

A. 由大变小

B. 由小变大

C. 由大变小再变大

D. 始终不变且大小为 $\dfrac{m_1}{m_1+m_2}F$

[解析]

（1）设物体与接触面的动摩擦因数为 μ；在水平面有滑动摩擦力 $f_{水平} = \mu N_{竖直} = \mu mg$。

① $a_1 = \dfrac{F - f_{水平}}{m_1 + m_2} = \dfrac{F - \mu(m_1 + m_2)g}{m_1 + m_2} = \dfrac{F}{m_1 + m_2} - \mu g$

② 对 m_1 分析，则有 $T_1 - f_{水1} = m_1 a_1$，即 $T_1 - \mu m_1 g = m_1 \left(\dfrac{F}{m_1 + m_2}\right) - \mu m_1 g$；故，$T_1 = \dfrac{m_1 F}{m_1 + m_2}$。

（2）在斜面上有，滑动摩擦力大小 $f_{斜} = \mu N_{斜} = \mu mg \cos \theta$。

①$a_2 = \dfrac{F-(m_1+m_2)g\sin\theta-f_{斜}}{m_1+m_2} =$

$\dfrac{F-(m_1+m_2)g\sin\theta-\mu(m_1+m_2)g\cos\theta}{m_1+m_2}$

故 $a_2 = \dfrac{F}{m_1+m_2} - g\sin\theta - \mu g\cos\theta$

②对 m_1 分析，则有 $T_2 - m_1 g\sin\theta - f_{斜1} = m_1 a_2$，

即 $T_2 - m_1 g\sin\theta - \mu m_1 g\cos\theta = m_1\left(\dfrac{F}{m_1+m_2}\right) - m_1 g\sin\theta - \mu m_1 g\cos\theta$；

故 $T_2 = \dfrac{m_1 F}{m_1+m_2}$。

(3) 竖直向上运动时，

①有 $a_3 = \dfrac{F-(m_1+m_2)g}{m_1+m_2} = \dfrac{F}{m_1+m_2} - g$；②对 m_1 分析，则有 $T_3 - m_1 g = m_1 a_3$。故 $T_3 = \dfrac{m_1 F}{m_1+m_2}$。

所以绳子的拉力大小始终不变且大小为 $T = \dfrac{m_1 F}{m_1+m_2}$；故 D 正确，ABC 错误。

8. （多选）如图所示，质量均为 $m=500$ g 的木块 A、B 叠放在一起，轻弹簧的劲度系数为 $k=100$ N/m，上、下两端分别和 B 与水平面相连。原来系统处于静止状态。现用竖直向上的拉力 F 拉 A，使它以 $a=2.0$ m/s^2 的加速度向上做匀加速运动。则下列说法正确的是（　　）

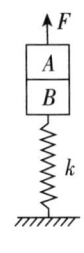

A. 经过 0.1 s，A 与 B 恰好分离

B. 向上做匀加速运动过程中拉力 F 的最小值是 2 N

C. 向上做匀加速运动过程中拉力 F 的最大值是 6 N

D. 刚施加拉力 F 瞬间 A、B 间压力为 2 N

[解析]

（1）设系统静止时弹簧的压缩量为 x_1，A、B 刚好分离时弹簧的压缩量为 x_2。

①系统初态静止时 $kx_1 = 2mg$，$x_1 = \dfrac{2 \times (0.5 \times 10)}{100} = 0.1$ m。

②A、B 刚好分离时，A、B 间弹力大小为零，且 $a_A = a_B = a = 2$ m/s²。

（2）①对 B 分析，由牛顿第二定律有 $kx_2 - mg = ma$，得 $x_2 = \dfrac{m(g+a)}{k} = \dfrac{0.5 \times 12}{100} = 0.06$ m，可见分离时弹簧不是原长。

②该过程 A、B 的位移 $\Delta x = x_1 - x_2 = 0.04$ m。由 $\Delta x = \dfrac{1}{2}at^2$，得 $t = 0.2$ s，A 错误。

（3）①分离前以 A、B 整体为研究对象，由牛顿第二定律有 $F + kx - 2mg = (2m)a$；随着 A、B 加速上升，弹簧形变量 x 逐渐减小，拉力 F 将逐渐增大。

②开始时 $x = x_1$，$F_1 + (kx_1 - 2mg) = (2m)a$，得 $F_1 = (2m)a = 2$ N。

③A、B 刚分离时 $x = x_2$，$F_2 + kx_2 - 2mg = (2m)a$，得 $F_2 = (2m) \cdot (g+a) - kx_2 = 6$ N；B、C 正确。

④以 B 为研究对象，由牛顿第二定律有 $kx_1 - mg - F_N = ma$，得 $F_N = 4$ N，D 错误。

或对 A,由 $F_1+F_N-mg=ma$,得 $F_N=m(g+a)-F_1=$ 4 N。

故答案为 BC。

9. (多选) 如图 (a),物块和木板叠放在实验台上,物块用一不可伸长的细绳与固定在实验台上的力传感器相连,细绳水平。$t=0$ 时,木板开始受到水平外力 F 的作用,在 $t=4$ s 时撤去外力。细绳对物块的拉力 f 随时间 t 变化的关系如图 (b) 所示,木板的速度 v 与时间 t 的关系如图 (c) 所示。木板与实验台之间的摩擦可以忽略。重力加速度取 10 m/s²。由题给数据可以得出(　　)。

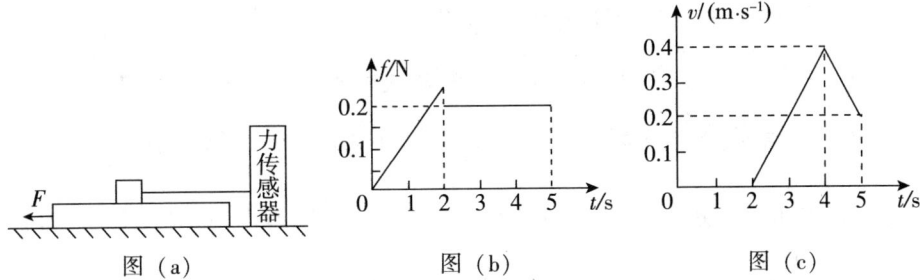

图 (a)　　图 (b)　　图 (c)

A. 木板的质量为 1 kg

B. 2 s~4 s 内,力 F 的大小为 0.4 N

C. 0~2 s 内,力 F 的大小保持不变

D. 物块与木板之间的动摩擦因数为 0.2

[解析]

(1) 对物块 m_k 分析可知,细绳对物块的拉力 f 等于木板与物块间的摩擦力。

①由题图 (b) 可知,滑动摩擦力大小 $F_f=0.2$ N,设木板质量为 $m_木$。

②对木板,Δt_3:4~5 s 内的加速度 $a_3=\dfrac{\Delta v_3}{\Delta t_3}=\dfrac{0.2-0.4}{1}=-$

0.2 m/s^2；由 $-F_f = m_木 a_3$ 可知 $m_木 = 1 \text{ kg}$。选项 A 正确。

（2）对木板①Δt_2：2~4 s 内的加速度 $a_2 = \dfrac{\Delta v_2}{\Delta t_2} = \dfrac{0.4-0}{2} = 0.2 \text{ m/s}^2$；

②由 $F - F_f = m_木 a_2$ 求得 $F = 0.2 + 1 \times 0.2 = 0.4 \text{ N}$。选项 B 正确。

（3）在 Δt_1：0~2 s 内
①对物块 m_k：拉力 f 与静摩擦力 $F_{f静}$ 平衡，即 $f = F_{f静} = kt$；
②对木板 $m_木$：$F = F_{f静} = kt \propto t$，选项 C 错误！

（4）物块质量未知，且无法求出，故物块与木板之间的动摩擦因数也无法求出，选项 D 错误。答案为 AB。

10.（多选）如图所示，A、B 两物块的质量分别为 $2m$ 和 m，静止叠放在水平地面上。A、B 间的动摩擦因数为 μ，B 与地面间的动摩擦因数为 $\dfrac{1}{2}\mu$。最大静摩擦力等于滑动摩擦力，重力加速度为 g。现对 A 施加一水平拉力 F，则（　　）。

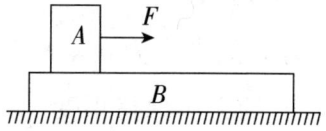

A. 当 $F < 2\mu mg$ 时，A、B 都相对地面静止

B. 当 $F = \dfrac{5}{2}\mu mg$ 时，A 的加速度为 $\dfrac{1}{3}\mu g$

C. 当 $F > 3\mu mg$ 时，A 相对 B 滑动

D. 无论 F 为何值，B 的加速度不会超过 $\dfrac{1}{2}\mu g$

[解析]

（1）①对 A、B 整体应用牛顿第二定律，有 $F - f_B =$

$(3m)a_0$，其中 $f_B=\left(\dfrac{1}{2}\mu\right)\cdot N_B=\dfrac{3}{2}\mu mg$。

②对 B，在 A、B 恰好要发生相对运动时，$F_f-f_B=ma_0$，其中 $F_f=\mu N_{BA}=\mu(2mg)$；

或对 A，$F-F_f=(2m)a_0$ 结合 $F-f_B=(3m)a_0$，可得 $F=3\mu mg$。

③当静摩擦 F_f 最大等于滑动摩擦力时，一起运动的加速度最大，拉力 F 也最大，则共同运动的最大拉力 $F=3\mu mg$。可见，当 $F>3\mu mg$ 时，A 相对 B 才能滑动，C 正确。

(2) 对 A、B 整体，地面对 B 的最大静摩擦力为 $f_B=\left(\dfrac{1}{2}\mu\right)\cdot N_B=\dfrac{3}{2}\mu mg$。

①当 $0<F\leq\dfrac{3}{2}\mu mg$ 时，A、B 都静止；

②当 $\dfrac{3}{2}\mu mg<F<3\mu mg$ 时，A、B 相对静止，但两者相对地面一起向右做匀加速直线运动，故 A 错；

③当 $F=\dfrac{5}{2}\mu mg<3\mu mg$ 时，A、B 相对静止，对整体有 $F-f_B=(3m)a$，$a=\dfrac{1}{3}\mu g$，故 B 正确。

(3) 无论 F 为何值，B 所受最大的动力为 A 对 B 的最大静摩擦力 $F_f=\mu N_{BA}=\mu(2mg)$，故 B 的最大加速度 $a_B=\dfrac{F_f-f_B}{m}=\dfrac{2\mu mg-\dfrac{3}{2}\mu mg}{m}=\dfrac{1}{2}\mu g$，故 D 正确。答案为 BCD。

典型实验问题解读

物理是一门以观察、实验为基础的自然学科。实验在中学物理中占有非常重要的地位，这是因为在物理学中，概念的形成、规律的发现和理论的建立，许多都是以实验为基础的。实验或者引发了理论的建立，或者对新建立的理论进行检验。总之，物理学离不开实验，要学好物理就要做好实验。

第一部分
探究"平行四边形定则"和"胡克定律"

专题概要

"平行四边形定则"是探究物理问题的重要手段，本实验一般是在教材实验原理的基础上，以实验中操作的注意事项、误差来源设置条件，或通过改变实验条件、实验仪器设置题目；因此要在教材实验的基础上注重对器材变化后分力与合力的分析判断能力的培养，要善于用教材中实验的原理、方法和技巧处理新问题。

"胡克定律"以其简洁的数学形式昭示了大道至简的自然哲学原理，更因其对生产生活的指导和影响显示出物理学的独特魅力；实验思路的创新则体现了"数形结合"和"学科内综合"对培养学生的创造性思维能力发挥的良好作用。

1. "探究求合力的方法" 的实验装置如图 4 所示,在该实验中,
①下列说法正确的是_____；

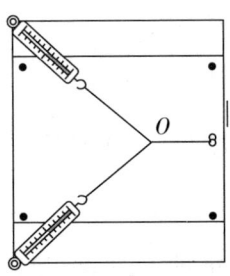

A. 拉着细绳套的两只弹簧秤,稳定后读数应相同

B. 在已记录结点位置的情况下,确定一个拉力的方向需要再选择相距较远的两点

C. 测量时弹簧秤外壳与木板之间不能存在摩擦

D. 测量时,橡皮条、细绳和弹簧秤应贴近并平行于木板

②若只有一只弹簧秤,为了完成该实验至少需要_____（选填"2"、"3"或"4"）次把橡皮条结点拉到 O 点。

[解析]

①a 在不超出弹簧测力计的量程和橡皮条形变限度的条件下,使拉力适当大些,不必使两只测力计的示数相同,故 A 错误；

b 在已记录结点位置的情况下,确定一个拉力的方向需要再选择相距较远的一个点就可以了,故 B 错误；

c 实验中拉弹簧秤时,只需让弹簧与外壳间没有摩擦,此时弹簧测力计的示数即和弹簧对细绳的拉力相等,与弹簧秤外壳与木板之间是否存在摩擦无关,故 C 错误；

d 为了减小实验中摩擦对测量结果的影响,拉橡皮条时,

橡皮条、细绳和弹簧秤应贴近并平行于木板，故 D 正确。

故选 D。

②若只有一只弹簧秤：

为了完成该实验，用手拉住一条细绳，用弹簧秤拉住另一条细绳，互成角度地拉橡皮条，使其结点达到某一点 O，记下位置 O 和弹簧秤示数 F_1 和两个拉力的方向；

交换弹簧秤和手所拉细绳的位置，再次将结点拉至 O 点，使两力的方向与原来两力方向相同，并记下此时弹簧秤的示数 F_2；

只用一个弹簧秤将结点拉至 O 点，并记下此时弹簧秤的示数 F 的大小及方向；

所以若只有一只弹簧秤，为了完成该实验至少需要 3 次把橡皮条结点拉到 O。

2. 某同学利用图 1 所示装置来研究弹簧弹力与形变的关系。设计的实验如下：A、B 是质量均为 m_0 的小物块，A、B 间由轻弹簧相连，A 的上面通过轻绳绕过两个定滑轮与一个轻质挂钩相连。挂钩上可以挂上不同质量的物体 C。物块 B 下放置一压力传感器。物体 C 右边有一个竖直的直尺，可以测出挂钩下移的距离。整个实验中弹簧均处于弹性限度内，重力加速度 g 取 9.8 m/s^2。实验操作如下：

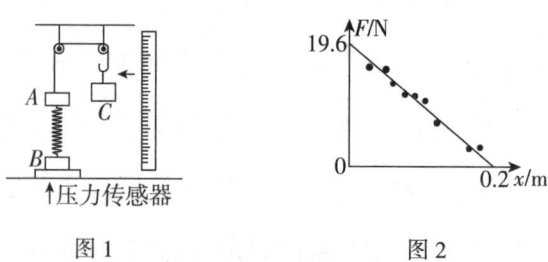

图 1　　　　　　图 2

①不悬挂物块 C，让系统保持静止，确定挂钩的位置 O，并读出压力传感器的示数 F_0；

②每次挂上不同质量的物块 C，用手托住，缓慢释放，测出系统稳定时挂钩相对 O 点下移的距离 x_i，并读出相应的压力传感器的示数 F_i；

③以压力传感器示数为纵轴，挂钩下移距离为横轴，根据每次测量的数据，描点作出 F-x 图像如图 2 所示。

(1) 由图像可知，在实验误差范围内，可以认为弹簧弹力与弹簧形变量成（　　）（填"正比""反比"或"不确定关系"）；

(2) 由图像可知：弹簧劲度系数 $k=$（　　）N/m；

(3) 如果挂上物块 C 的质量 $m_C = 3m_0$，并由静止释放。当压力传感器的示数为零时，物块 C 的速度 $v_0 =$（　　）m/s。

[答案]　(1) 正比　(2) 98　(3) 1.4

[解析]

(1) (a) 对 A 分析，初态弹簧压缩量 x_0 满足 "$kx_0 = m_0 g$"；

(b) 对 B 分析，根据受力平衡可知

若轻弹簧处于"压缩状态"——

①$F = m_0 g + F_{弹Y} = m_0 g + kx_Y$，可知 F 与弹簧弹力 $F_{弹Y} = kx_Y$ 成线性关系。

②C 下降的距离 $x = x_0 - x_Y$，即 $x_Y = x_0 - x$；故 $F = m_0 g + kx_Y = m_0 g + k(x_0 - x) = 2m_0 g - kx$。可知，真的如图 2 所示：$F =$

$2m_0g-kx$；综上所述，就因为"胡克定律 $F_{弹}=kx_Y$"成立，才有 F 与 x 成线性关系。可知弹簧的弹力与弹簧的形变量成正比。

同理，若轻弹簧处于"伸长状态"——

①$m_0g=F+F_{弹S}=F+kx_S$。

②C 下降的距离 $x=x_0+x_S$，即 $x_S=x-x_0$；$F=m_0g-kx_S=m_0g-k(x-x_0)=2m_0g-kx$。

可知，真的如图 2 所示：$F=2m_0g-kx$；综上所述，就因为"胡克定律 $F_{弹}=kx_S$"成立，才有 F 与 x 成线性关系。可知弹簧的弹力与弹簧的形变量成正比。

（2）由题意可知，满足"$F=2m_0g-kx$"的 F-x 图线斜率的绝对值表示弹簧的劲度系数，则 $k=\left|\dfrac{\Delta F}{\Delta x}\right|=\dfrac{19.6}{0.2}=98$ N/m。

（3）①未挂物块 C 时，弹簧处于压缩，$F_{弹Y}=kx_Y$。

②当压力传感器示数为零时，即 $F=0$，即"纵坐标为 0，C 下降距离 $x_C=0.2m$"，此时弹簧处于伸长，$F_{弹}=kx_S$。

③可知初末状态弹簧的压缩量和伸长量相等，则弹簧的弹性势能的变化量为 0！

④根据系统机械能守恒知：$m_Cgh-m_0gh=\dfrac{1}{2}(m_C+m_0)v_0^2$，$m_C=3m_0$，$h=x_C=0.2m$。

代入数据解得 $v_0=1.4$ m/s。

第二部分
实验：探究加速度与力、质量的关系

专题概要

在牛顿的三大定律之中，第一定律是基础，第二定律是核心，第三定律是补充，它们互相支撑、各放异彩。牛顿第二定律作为一条实验定律，它的论证过程充分体现了"提出问题""获取证据""分析论证"与"合作交流"的科学探究流程，对培养学生的思维能力、动手实践能力、数形结合能力与实事求是的优良品质搭建了一个高质量的平台。

1. 在探究物体的加速度 a 与物体所受外力 F、物体质量 M 间的关系时，采用如图甲所示的实验装置。小车及车中的砝码的总质量用 M 表示，盘及盘中砝码的总质量用 m 表示。

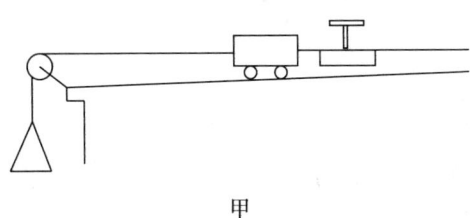

甲

(1) 当 M 与 m 的大小关系满足（　　　　）时，才可以认为绳子对小车的拉力大小等于盘和砝码的重力。

(2) 某同学打出的一条纸带如图乙所示，用刻度尺测得计数点 1，2，3，4 到计数起点 0 的距离分别为 3.15 cm，12.40 cm，27.7 cm，49.05 cm，已知打点周期为 0.02 s，则：

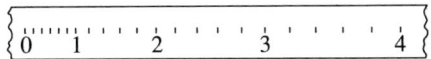

乙

①图中四个数据中有不符合有效数字要求的一组数据应改为(　　　)cm；

②物体运动的加速度是（　　　）m/s²。（保留三位有效数字）

(3) 另两组同学保持小车及车中砝码的总质量 M 一定，探究加速度 a 与所受外力 F 的关系，由于他们操作不当，这两组同学得到的 a-F 关系图像分别如图丙和图丁所示，其原因分别是：

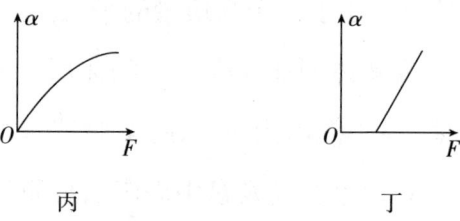

丙　　　　　　　丁

①左图：(　　　　　　)；

②右图：(　　　　　　　　)。

[答案]　(1) $m \ll M$　(2) ①27.70　②6.06

(3) ①不满足 $m \ll M$

②没有平衡摩擦力或平衡摩擦力不足

[解析]　(1) 根据牛顿第二定律得：

①对盘及盘中的砝码：$mg - F = ma$；

②对小车及车中的砝码：$F = Ma$；③解得 $a = \dfrac{mg}{m+M}$。

即 $F = \dfrac{M(mg)}{m+M} = \dfrac{mg}{1+\dfrac{m}{M}}$；只有满足 $m \ll M$ 时，可

认为 $F=mg$。

（2）①毫米刻度尺测量长度，要求估读，即读到最小刻度的下一位；这四个数据中不符合有效数字读数要求的是 27.7，应改为 27.70。

②由匀变速直线运动规律可知，在"连续相等时间内的位移之差是恒量"可得：

$$\bar{a}=\frac{(x_{23}+x_{34})-(x_{01}+x_{12})}{4T^2}=$$

$$\frac{[(49.05-12.40)-12.40]\times10^{-2}}{4\times0.1^2}=6.06 \text{ m/s}^2。$$

（3）①图丙中当盘及盘中砝码的总质量较大时，a-F 图像发生弯曲，这是由于没有保证小车及车中的砝码的总质量 M 远大于盘及盘中砝码的总质量 m 造成的；

注意：由 $a=\dfrac{mg}{m+M}=\dfrac{g}{1+\dfrac{M}{m}}$，若 $m\gg M$，则 $a\to g$；

即 a-F 图像最终趋近于与"F 轴"平行，其"渐近线"对应的"纵坐标 $a\to g$"！

②图丁中，发现直线没过原点，当 $F\neq0$ 时，竟然 $a=0$，也就是说当轻绳拉力不为零时小车的加速度还为 0。说明小车的摩擦力与绳子的拉力相互抵消，该组同学实验操作中遗漏了平衡摩擦力（补偿阻力）或平衡摩擦力不足（补偿阻力不足）。

2. 某实验小组设计如图甲所示实验装置"探究加速度与力的关系"。已知小车的质量 M，砝码盘的质量 m_0，打点计时器使用的交流电频率 f = 50 Hz。

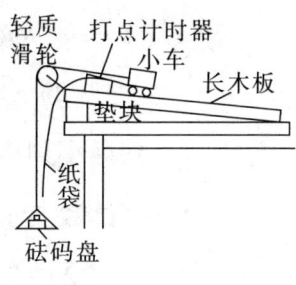

甲

（1）探究方案的实验步骤

A. 按图甲安装好实验装置；

B. 调节长木板的倾角，轻推小车后，使小车能沿长木板向下做匀速运动；

C. 取下细绳和砝码盘，记录砝码盘中砝码的质量 m；

D. 将小车紧靠打点计时器，接通电源后放开小车，得到一条点迹清晰的纸带，由纸带求得小车的加速度 a；

E. 重新挂上细绳和砝码盘，改变砝码盘中砝码的质量 m，重复多次步骤 B~D，得到多组 m、a。

（2）记录数据及数据分析

①实验中打出的其中一条纸带如图乙所示，由该纸带可求得小车的加速度 a = (　　　) m/s^2。

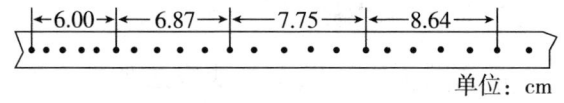

乙

②实验小组认为小车受到的合外力 $F = mg$，根据记录数据和纸带，将计算得到的合外力和加速度填入设计的表中（表略）。

③建立 a-F 坐标系，利用②中得到的表中数据描点得到

如图丙所示的图线。根据图线，"小车加速度 a 与外力 F 成正比"的结论是（　　）（选填"成立"或"不成立"）的；已知图线延长线与横轴的交点 A 的坐标是 $(-0.08\ \text{N}, 0)$，由此可知，砝码盘的质量 $m_0 =$（　　）kg。（已知数据测量是准确的，重力加速度 g 取 $10\ \text{m/s}^2$）

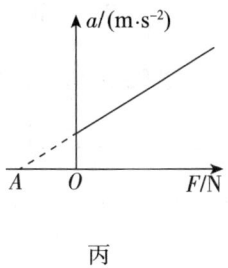

丙

(3) 方案评估：若认为小车受到的合外力等于砝码盘和砝码的总重力，即 $F = (m_0 + m)g$，实验中随着 F 的增大，不再满足砝码和砝码盘的总质量远小于小车的质量要求，实验图应为（　　）。（填正确答案标号）

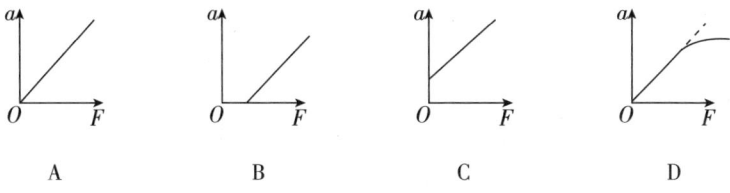

A　　　　B　　　　C　　　　D

[答案]　(2) ① 0.88　③ 不成立　0.008　(3) A

[解析]　对应题中序号：

(2) ① 根据 $\Delta x = aT^2$，运用逐差法得

$$a = \frac{[(7.75+8.64)-(6.00+6.87)] \times 10^{-2}}{4 \times 0.1^2} = 0.88\ \text{m/s}^2;$$

③ 由题图丙可知，a-F 图线是不过原点的倾斜直线，a 与 F 不成正比；由图线可知，当 $F = 0$ 时，小车有加速度 $a \neq 0$，这说明在计算小车所受的合外力时未计入砝码盘的重力；由图线延长线与横轴的交点可求出的物理量是砝码盘的

重力大小 m_0g，砝码盘的重力大小为 $m_0g=0.08$ N，则砝码盘的质量 $m_0=0.008$ kg。

(3) 当小车匀速下滑时有：$Mg\sin\theta=f+F$，其中 $F=(m_0+m)g$。

当取下细绳和砝码盘后，对小车，由于重力沿斜面向下的分力 $Mg\sin\theta$ 和摩擦力 f 不变，因此其合外力为 $F_合=Mg\sin\theta-f=(m_0+m)g$。

由此可知该实验中不需要砝码和砝码盘的总质量 m_0+m 远小于小车的质量 M，故图线 a-F 是过原点的倾斜直线，A 正确。

注意：每一次调整"m_0+m"，都需要"重新"寻找合适的"倾角 θ"！

第三部分
实验：验证动量守恒定律

专题概要

在牛顿的《自然哲学的数学原理》中，不仅阐述了著名的三大运动定律，还进一步总结了"力的平行四边形定则"、"动量守恒"、"质心运动"、"相对性原理"、"力系的等效原理"等六条重要推论；论述了碰撞问题，提出了非弹性碰撞的恢复系数、牛顿公式等。所有这些，连同对天上地上运动问题的解决，使三大定律立即显现出巨大的魅力，建立起了经典力学的基本体系。

"验证'动量守恒定律'实验"进一步考查了减小实验误差的措施，使学生充分体会物理知识和物理实验的实用性、创新性和综合性的特征，可以使许多动量守恒问题的分析思路和解答步骤变得极为简捷，对顺利求解同类问题有很大的帮助。

1. 重要结论应用

如图所示，若 m_1 和 m_2 两个刚性小球发生的是弹性正碰，则验证二者碰撞过程是否满足系统动量守恒，需关注以下几点。

（1）**思维点拨**

验证动量守恒定律实验中，质量可测而测量瞬时速度较难。因此采用了落地高度不变情况下的水平射程来反映平抛的初速度大小，所以仅测量小球抛出的水平射程来间接测出速度。过程中小球释放高度不需要测量，小球抛出高度也不要求测量。最后可通过质量与水平射程乘积来验证动量是否守恒。

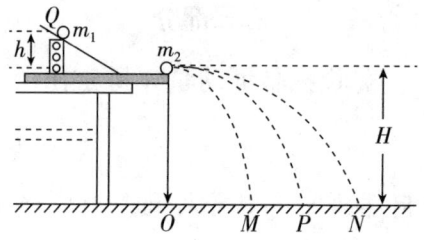

（2）知识储备

①系统动量守恒：$m_1v_0 = m_1v_1 + m_2v_2$；即 $m_1(v_0 - v_1) = m_2v_2$。

②系统动能不变：$\frac{1}{2}m_1v_0^2 = \frac{1}{2}m_1v_1^2 + \frac{1}{2}m_2v_2^2$；即 $[m_1(v_0 - v_1)] \cdot (v_0+v_1) = (m_2v_2) \cdot v_2$。

则有 $v_0+v_1=v_2$！故，只需验证"$\overline{OP}+\overline{OM}=\overline{ON}$"是否成立。

2. 实验的改进与创新

如图所示实验装置，某同学用 a、b 两个半径相同的小球，按照以下步骤研究弹性正碰实验操作：

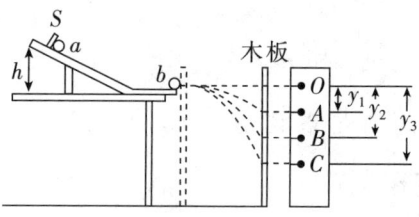

①在平木板表面钉上白纸和复写纸，并将该木板竖直立于紧靠槽口处，使小球 a 从斜槽轨道上固定点处由静止释放，撞到木板并在白纸上留下痕迹 O。

②将木板水平向右移动一定距离并固定，再使小球 a 从固定点处由静止释放，撞到木板上。重复多次，用尽可能小的圆把小球的落点圈在里面，其圆心就处于小球落点的平均位置，

得到痕迹 B。

③把小球 b 静止放在斜槽轨道水平段的最右端，让小球 a 仍从固定点处由静止释放，和小球 b 相碰后，重复多次，并使用与第二步同样的方法分别标出碰撞后两个小球落点的平均位置，得到两球撞在木板上痕迹 A 和 C。

试回答以下问题：

（1）为了保证在碰撞过程中 a 球不反弹，a、b 两球的质量 m_1、m_2 间的关系是 m_1（　　　　）m_2。（选填"大于""小于"或"等于"）

（2）完成本实验，必须测量的物理量有（　　　　）。

A. 小球 a 开始释放的高度 h

B. 木板水平向右移动的距离 l

C. A 球和 B 球的质量 m_1、m_2

D. O 点到 A、B、C 三点的距离分别为 y_1、y_2、y_3

（3）若（2）所给选项的物理量均已知，若满足条件（　　　　　　　　）（用测量量表示），则表示两小球发生的是弹性碰撞。

[答案]　（1）大于　（2）D　（3）$\dfrac{1}{\sqrt{y_2}}+\dfrac{1}{\sqrt{y_3}}=\dfrac{1}{\sqrt{y_1}}$

[解析]

（1）根据弹性碰撞应满足的方程 $m_1v_0=m_1v_1+m_2v_2$ 和 $\dfrac{1}{2}m_1v_0^2=\dfrac{1}{2}m_1v_1^2+\dfrac{1}{2}m_2v_2^2$；

可知 $v_1 = \dfrac{m_1-m_2}{m_1+m_2}v_0$ 和 $v_2 = \dfrac{2m_1}{m_1+m_2}v_0$。

即，只有入射球的质量"大于"被碰球的质量，弹性碰撞后才不会反弹。

（2）由于碰撞后小球均被"竖直板"挡住，从二者碰撞直到到达挡板的时间与"竖直位移"相关。则可用"竖直位移"表示"平抛"的"初速度"。选 D。

（3）①碰撞之后：竖直方向 $y=\dfrac{1}{2}gt^2$，$t=\sqrt{\dfrac{2y}{g}}$；水平位移相等 $v=\dfrac{x}{t}=x\sqrt{\dfrac{g}{2y}}\propto\dfrac{1}{\sqrt{y}}$。

②系统动量守恒：$m_1v_0 = m_1v_1 + m_2v_2$；即 $m_1(v_0-v_1)=m_2v_2$。

以及系统动能不变：$\dfrac{1}{2}m_1v_0^2=\dfrac{1}{2}m_1v_1^2+\dfrac{1}{2}m_2v_2^2$；

即 $[m_1(v_0-v_1)]\cdot(v_0+v_1)=(m_2v_2)\cdot v_2$。

则有 $v_0+v_1=v_2$！其中 $v_0=x\sqrt{\dfrac{g}{2y_2}}$、$v_1=x\sqrt{\dfrac{g}{2y_3}}$、$v_2=x\sqrt{\dfrac{g}{2y_1}}$。

即 $\dfrac{1}{\sqrt{y_2}}+\dfrac{1}{\sqrt{y_3}}=\dfrac{1}{\sqrt{y_1}}$！

万有引力定律与匀变速直线运动结合

考向分析

站在新高考的角度，除了要关注"从天体质量或密度的计算、行星运动规律的分析到同步卫星、双星、宇宙速度、变轨、追及"这些动力学问题外，还要关注宇宙探索的前沿知识，关注近几年以中国及世界空间技术和宇宙探索为背景的题目。其中，强化"数理结合"与"学科内综合"的能力是解决"万有引力定律与匀变速直线运动结合"的有效途径。

典例放送

电影《火星救援》的热映，激起了人们对火星的关注。若宇航员在火星表面将小球竖直上抛，取抛出位置 O 点的位移 $x=0$，从小球抛出开始计时，以竖直向上为正方向。小球运动的 $\dfrac{x}{t}$ -t 图像如图所示（其中 a、b 均为已知量）。忽略火星的自转，且将其视为半径为 R 的匀质球体，引力常量为 G。则以下分析正确的是（　　）

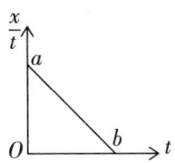

A. 小球竖直上抛的初速度为 $2a$

B. 小球从 O 点上升的最大高度为 $\dfrac{ab}{4}$

C. 火星的质量为 $\dfrac{2aR^2}{Gb}$

D. 火星的第一宇宙速度为 $\sqrt{\dfrac{aR}{b}}$

[解析]

（1）①由匀变速直线运动规律 $x=v_0t-\dfrac{1}{2}gt^2$，可知 $\dfrac{x}{t}=v_0-\dfrac{1}{2}gt$；其中 $\dfrac{x}{t}$ 对应该过程的平均速度！

②对比形如 $y=b+kx$ 的一次函数，可知初速度 $v_0=a$，选项 A 错误；

斜率 $k=\dfrac{0-a}{b-0}=-\dfrac{1}{2}g$；故，火星表面的重力加速度为 $g=\dfrac{2a}{b}$。

（2）由竖直上抛规律 $0^2-v_0^2=-2gH$ 可得：$H=\dfrac{v_0^2}{2g}=\dfrac{a^2}{2\times\dfrac{2a}{b}}=\dfrac{ab}{4}$；选项 B 正确；

或者，由 $\dfrac{x}{t}$-t 图像，可知 $\dfrac{x}{t}=0$ 时，小球落回到"抛出点"经历时间 $\Delta t=b$；上升过程经历时间 $t=\dfrac{1}{2}\Delta t=\dfrac{1}{2}b$；最大高度 $H=\bar{v}t=\dfrac{1}{2}(v_0+0)\,t$。

则，最大高度 $H=\dfrac{1}{2}a\times\left(\dfrac{1}{2}b\right)=\dfrac{ab}{4}$。

（3）由 $\dfrac{GMm}{R^2}=mg$，可得 $M=\dfrac{gR^2}{G}$；即，火星质量 $M=\dfrac{gR^2}{G}=\dfrac{2a}{b}\times\dfrac{1}{G}\times R^2=\dfrac{2aR^2}{Gb}$。选项 C 正确。

（4）$\dfrac{GMm}{R^2}=mg$ 和 $mg=m\dfrac{v_1^2}{R}$，可得，第一宇宙速度为 $v_1=\sqrt{gR}=\sqrt{\dfrac{2a}{b}\times R}=\sqrt{\dfrac{2aR}{b}}$。选项 D 错误。

微元法在动能定理和动量定理的体现

预备知识

关于微元"ΔV"(体积)和"Δm"(质量)

1. 通常用来解决"流体问题"——在流体当中选取"一小段"或"一小片"作为研究对象;

(1) 它们的"ΔV"和"Δm"很小;

(2) 它们在和其他物体作用的过程中,时间 Δt 很短,速度 v 来不及改变;内力通常远大于外力,以至于外力忽略不计。

例如,某流体的流速是 v,(圆)截面积是 s,其密度为 ρ。它在 Δt 时间内向前发生的位移大小为 ΔL,即 Δt 时间内满足 $\Delta L = v\Delta t$。

则在足够短时间 $\Delta t \to 0$ 内,

⟨a⟩ ①$\Delta V = s\Delta L = sv\Delta t$;$\Delta m = \rho \Delta V = \rho s \Delta L = \rho s v \Delta t$;

②如果把这样的 ΔV 或 Δm 作为研究对象,它们就是微元。

⟨b⟩ ①流量 $Q = \dfrac{\Delta V}{\Delta t} = sv$,数值上等于单位时间内流过的流体的体积;

②流量 $Q = \dfrac{\Delta m}{\Delta t} = \rho s v$,数值上等于单位时间内流过的流体的质量。

2. 例:某地强风的风速是 20 m/s,空气的密度 $\rho = 1.3$ kg/m^3。一风力发电机的有效受风面积 $s = 20 m^2$。如果风通过风力发

电机后风速减为 12 m/s，且该风力发电机的效率 $\eta=80\%$。

则：该风力发电机的电功率为多大？风作用于风力发电机的平均力多大？

[解析]　（1）①选一小段微元 $\Delta m = \rho \Delta V_1 = \rho s \Delta L_1 = \rho s v_1 \Delta t$，其中 $v_1 = 20$ m/s。

它在 Δt 时间内保持 $v_1 = 20$ m/s 不变；之后，减为 $v_2 = 12$ m/s。

②该过程，微元的初动能 $E_{k1} = \frac{1}{2}\Delta m v_1^2$，末动能 $E_{k2} = \frac{1}{2}\Delta m v_2^2$，故，动能减少量为 $\Delta E_k = E_{k1} - E_{k2} = \frac{1}{2}\Delta m (v_1^2 - v_2^2) = \frac{1}{2}\rho s v_1 \Delta t (v_1^2 - v_2^2)$。

③功率 P 数值上等于单位时间内流动的空气按 $\eta = 80\%$ 减少的动能！

即 $P = \frac{\Delta E_k}{\Delta t} \times \eta = \frac{1}{2}\rho s v_1 (v_1^2 - v_2^2) \times \eta$

代入数据，可得 $P = 53248$ W $= 53.2$ kW

（2）仍选一小段微元 $\Delta m = \rho \Delta V_1 = \rho s \Delta L_1 = \rho s v_1 \Delta t$，它受到发电机的平均力大小为 F_1。

①对 Δm 利用动量定理：$-F_1 \Delta t = \Delta m v_2 - \Delta m v_1$。

也就是：$F_1 \Delta t = \Delta m (v_1 - v_2) = \rho s v_1 \Delta t (v_1 - v_2)$，故 $F_1 = 4160$ N。

②由牛顿第三定律可知，风对发电机的平均力大小 $F_2 = F_1 = 4160$ N，其方向与 v_1 相同。

分析步骤

1. 建立"柱状"模型，沿流速 v 的方向选取一段柱形流体，其横截面积为 S；

2. 微元研究，作用时间 Δt 内的一段柱形流体的长度为 Δl，对应的质量为 $\Delta m = \rho \Delta V$，即 $\Delta m = \rho \Delta V = \rho S \Delta l = (\rho S v) \Delta t$。

3. 建立方程，应用动量定理研究这段柱状流体。

[**典例**] 某游乐园入口旁有一喷泉，喷出的水柱将一质量为 M 的卡通玩具稳定地悬停在空中。为计算方便起见，假设水柱从横截面积为 S 的喷口持续以速度 v_0 竖直向上喷出；玩具底部为平板（面积略大于 S）；水柱冲击到玩具底板后，在竖直方向水的速度变为零，在水平方向朝四周均匀散开。忽略空气阻力。已知水的密度为 ρ，重力加速度大小为 g。求：

（1）喷泉单位时间内喷出的水的质量；

（2）玩具在空中悬停时，其底面相对于喷口的高度。

[**答案**]　　（1）$\rho v_0 S$　　（2）$\dfrac{v_0^2}{2g} - \dfrac{M^2 g}{2\rho^2 v_0^2 S^2}$

[**解析**]

（1）设 Δt 时间内，从喷口喷出的水的体积为 ΔV，质量为 Δm，

则 $\Delta m = \rho \Delta V$①，$\Delta V = S v_0 \Delta t$②。

由①②式得，单位时间内从喷口喷出的水的质量为 $Q = \dfrac{\Delta m}{\Delta t} = \rho v_0 S$③。

（2）设玩具悬停时其底面相对于喷口的高度为 h，水从喷口喷出后到达玩具底面时的速度大小为 v。对于 Δt 时间内喷出的水，由能量守恒得 $\dfrac{1}{2}(\Delta m)v^2 + (\Delta m)gh = \dfrac{1}{2}(\Delta m)v_0^2$，即

$$h = \frac{v_0^2}{2g} - \frac{v^2}{2g} \text{④}.$$

在 h 高度处，Δt 时间内喷射到玩具底面的水沿竖直方向的动量变化量的大小为 $\Delta p = (\Delta m) \cdot (v-0) = (\Delta m)v$ ⑤。

设水对玩具的作用力的大小为 F，根据动量定理有"克服 F 的冲量" $F\Delta t = \Delta p$ ⑥。

由于玩具在空中悬停，由力的平衡条件得 $F = Mg$ ⑦。

联立③④⑤⑥⑦式得

$$Mg\Delta t = (\Delta m)v, \quad Mg = \left(\frac{\Delta m}{\Delta t}\right)v = (\rho v_0 S)v, \quad 故\ v = \frac{Mg}{\rho v_0 S}; \quad 则$$

$$h = \frac{v_0^2}{2g} - \frac{M^2 g}{2\rho^2 v_0^2 S^2}.$$

斜上抛运动及类斜上抛运动模型的灵活运用

专题概要

利用"运动合成与分解"的方法分析斜上抛运动和类斜上抛运动，体会将复杂运动分解为简单运动的物理思想，并贯穿于含静电场在内的复合场问题中，进而培养学生能分析并解决日常生活中简单的抛体运动的能力。

一、斜上抛运动

1. 定义：物体只受重力，斜向上抛出；如图所示。

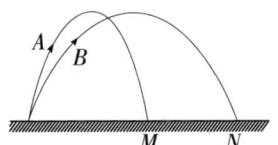

2. 性质：① 由 $a = \dfrac{F}{m} = \dfrac{mg}{m} = g$（恒定），结合 $a = \dfrac{\Delta v}{\Delta t}$（恒定）。

即，物体的速度随时间均匀变化。

② 典型的"匀变速曲线运动"！

3. 分析方式：① 通常将其处理成水平方向的匀速直线运动和竖直方向的统一的匀变速直线运动！

② 设初速度 v_0 与水平方向的夹角为 θ。

（1）水平方向：① $v_{0x} = v_0 \cos\theta$（保持不变）；② $x = v_{0x} t = (v_0 \cos\theta) t$。

（2）竖直方向：① $v_{0y} = v_0 \sin\theta$（竖直向上为'正方向'）；

197

② $v_y = v_{0y} - gt = v_0 \sin \theta - gt$;

③ $y = v_{0y}t - \dfrac{1}{2}gt^2$; ④ $v_y^2 - v_{0y}^2 = -2gy$。

4. 特殊结论：

（1）运动时间

①上升时间：$t_1 = \dfrac{v_0 \sin \theta}{g}$；注意，$0 = v_{0y} - gt_1$。

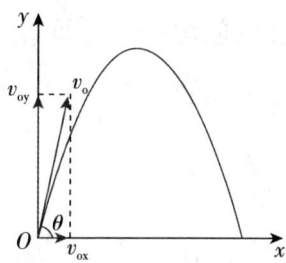

②对称性：$t_2 = t_1$，故落回到初始高度的总时间 $t = \dfrac{2v_0 \sin \theta}{g}$。

（2）最大高度：$H_m = \dfrac{v_0^2 \sin^2 \theta}{2g}$；注意，$0^2 - v_{0y}^2 = -2gH_m$。

（3）最大水平射程：$x = \dfrac{v_0^2 \sin(2\theta)}{g}$；当 $\theta = 45^0$ 时，$x_m = \dfrac{v_0^2}{g}$。

①仅限与初位置等高。

②注意：$x = v_{0x}t = (v_0 \cos \theta) t = (v_0 \cos \theta) \times \dfrac{2v_0 \sin \theta}{g} = \dfrac{2v_0^2 \sin \theta \cos \theta}{g} = \dfrac{v_0^2 \sin(2\theta)}{g}$

（4）①最小速度：水平方向 $v_{\min} = v_x = v_{0x} = v_0 \cos \theta$；此时，竖直方向 $v_y = 0$（最高点）。

②最小动能：$E_{k\min} = \frac{1}{2}mv_{\min}^2 = \frac{1}{2}m(v_0\cos\theta)^2$。

二、典例解读——复合场背景下的匀变速曲线运动

如图所示，真空中竖直平面内的三点 A、B、C 构成直角三角形，其中 AC 竖直，长度为 L，$\angle ABC = 30°$。匀强电场在 A、B、C 所决定的平面内，电场强度为 E，电场方向与 AB 平行。现将质量为 m 的带电小球以初动能 E_k 沿 CA 方向从 C 点射出，小球通过 B 点时速度恰好沿 AB 方向。已知重力加速度为 g，以下说法正确的是（　　）。

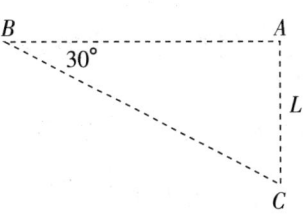

A. 小球所受电场力是所受重力的 3 倍

B. 经过时间 $\frac{1}{4g}\sqrt{\frac{2E_k}{m}}$，小球电势能和重力势能之和最大

B. 从 C 到 B，小球做匀变速直线运动

C. 从 C 到 B，小球克服重力做功与电场力做功之比为 $1:\sqrt{3}$

[解析]

（1）带电小球以初速度 v_0 沿 CA 方向从 C 点射出，小球通过 B 点时速度恰好沿 AB 方向，说明小球必做曲线运动；

①由题意可知，竖直向下的重力 mg 和水平向左的电场力 qE 均为恒力，它们的合力 $F_{合}$ 必为恒力，并指向左下方。

②小球做向左上方的匀变速曲线运动！故，选项 C 错误！

（2）由几何关系可知，水平位移 $x = AB = AC\tan\angle ACB = L\tan 60° = \sqrt{3}L$。

①竖直向上匀减速，反向处理为 $L=\dfrac{1}{2}gt^2$。

②水平向左初速度为零的匀加速，$x=\sqrt{3}L=\dfrac{1}{2}a_xt^2$。

③联立（比值）：$\dfrac{a_x}{g}=\dfrac{\sqrt{3}}{1}$，即 $\dfrac{ma_x}{mg}=\dfrac{\sqrt{3}}{1}$，其中电场力 $F_x=qE=ma_x$。选项 A 错误！

（3）（Ⅰ）①竖直向上匀减速，反向处理为 $v_0=gt$。

②水平向左初速度为零的匀加速，$v_B=v_x=a_xt$。

由 $\dfrac{a_x}{g}=\dfrac{\sqrt{3}}{1}$ 可知，末速度 $v_B=\sqrt{3}v_0$。

（Ⅱ）①由动能定理，$W_E-mgL=\dfrac{1}{2}mv_B^2-\dfrac{1}{2}mv_0^2$。

②竖直分运动有 $0^2-v_0^2=-2gL \Rightarrow gL=\dfrac{1}{2}v_0^2 \Rightarrow mgL=\dfrac{1}{2}mv_0^2$。

则 $W_E=\dfrac{1}{2}mv_B^2=\dfrac{1}{2}m(\sqrt{3}v_0)^2=3\times\left(\dfrac{1}{2}mv_0^2\right)=3(mgL)$。

综上所述，小球克服重力做功 $W_G=mgL$ 与电场力做功 $W_E=3mgL$ 之比为 1：3。选项 D 错误。

或者：由重力和电场力做功均与路径无关，只由初末位置决定。

①克服重力做功 $W_G=mgL$；

②电场力做功 $W_E=F_xx=(\sqrt{3}mg)\times(\sqrt{3}L)=3mgL$。

故，小球克服重力做功 $W_G=mgL$ 与电场力做功 $W_E=3mgL$ 之比为 1：3。选项 D 错误。

（4）①如图，

$F_{合} = \sqrt{(mg)^2 + (qE)^2} = \sqrt{(mg)^2 + (\sqrt{3}mg)^2} = 2mg$；

$F_{合}$ 与"竖直方向"的夹角为 $\theta = 60°$。

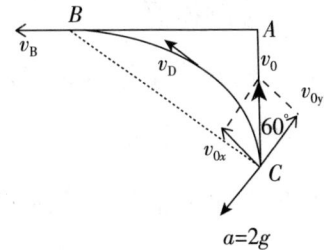

②由 $a = \dfrac{F_{合}}{m}$ 可知小球的加速度 $a = 2g$，与竖直方向的夹角为 $\theta = 60°$。

③如图，将初速度 v_0 与 $a = 2g$ 垂直的 v_{0x} 和平行反向的 v_{0y}；而 $v_{0y} = v_0 \cos 60° = \dfrac{1}{2} v_0$；

由 $E_k = \dfrac{1}{2} m v_0^2$，可知 $v_0 = \sqrt{\dfrac{2E_k}{m}}$。

④由类斜上抛运动规律可知，当小球沿 v_{0y} 方向减速到 $v_y = 0$ 时，此时小球到达最高点 D，速度 $v_D = v_{0x}$ 最小，动能最小！

⑤由 $v_y = 0 = v_{0y} - at$，则 $t = \dfrac{v_{0y}}{a} = \dfrac{\frac{1}{2} v_0}{2g} = \dfrac{\sqrt{\dfrac{2E_k}{m}}}{4g}$，即 $t = \dfrac{1}{4g} \sqrt{\dfrac{2E_k}{m}}$。

选项 B 正确！

近代物理之"光电效应"及"核反应"信息点集萃

第一部分 光电效应

专题概要

光电效应是认识光的粒子性的重要依据,爱因斯坦在普朗克能量子假说的基础上,用量子思想对光电效应的解释是科学转折的重大信号,包括康普顿、玻尔等更多的科学家开始关注普朗克提出的量子观点,并开创了新的局面。

典例1

例1:下列说法中正确的是(　　)。

A. 借助于能量子假说,普朗克得出了黑体辐射的强度按波长分布的公式

B. 玻尔的原子理论第一次将量子观念引入原子领域,成功解释了原子光谱

C. 研究光电效应实验时,所加反向电压高于遏止电压时,将不发生光电效应现象

D. 一群氢原子从 $n=4$ 能级跃迁到基态时,能发出9种频率的光子

读题定路:结合黑体辐射、玻尔理论、光电效应等知识逐项分析。

[解析]

①普朗克引入能量子的概念，得出黑体辐射的强度按波长分布的公式，并由此开创了物理学的新纪元，故 A 正确；

②玻尔原子理论第一次将量子观念引入原子领域，成功地解释了氢原子光谱的实验规律，不能解释所有原子光谱的实验规律，故 B 错误；

③研究光电效应实验时，所加的电压高于遏止电压时，能发生光电效应，只是不能形成光电流，故 C 错误；

④一群处于 $n=4$ 能级激发态的氢原子，根据 $C_4^2 = \frac{1}{2} \times 4(4-1) = 6$；可知，自发跃迁时能发出 6 种不同频率的光，故 D 错误。

典例2

例2：美国物理学家密立根利用图甲所示的电路研究金属的遏止电压 U_c 与入射光频率的关系，描绘出图乙中的图象，由此算出普朗克常量 h。电子电量用 e 表示，下列说法正确的是（   ）。

A. 入射光的频率增大，为了测遏止电压，则滑动变阻器的滑片 P 应向 M 端移动

B. 增大入射光的强度，光电子的最大初动能也增大

C. 由 U_c-v 图像可知，这种金属的截止频率为 v_1

D. 由 U_c-v 图像可求普朗克常量表达式为 $h = \dfrac{U_1}{v_1 - v_c}$

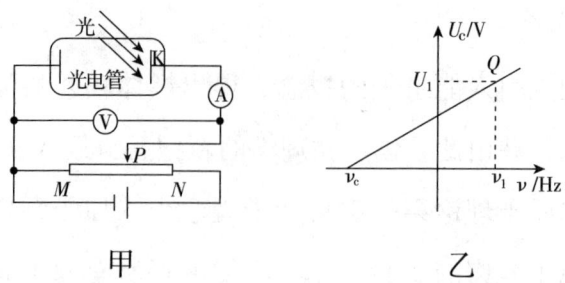

甲　　　　　　　　　乙

[解析]　D

①入射光的频率增大，光电子的最大初动能增大，则遏止电压增大，测遏止电压时，应使滑动变阻器的滑片 P 向 N 端移动，A 错误；

②根据光电效应方程 $E_{km}=h\nu-W_0$ 光电子的最大初动能与入射光的强度无关，B 错误；

③根据 $E_{km}=h\nu-W_0=eU_C$ 和逸出功 $W_0=h\nu_C$ 解得 $U_C=\dfrac{h\nu_1}{e}-\dfrac{h\nu_C}{e}$；斜率 $k=\dfrac{h}{e}=\dfrac{U_1-0}{\nu_1-\nu_C}$，则 $h=\dfrac{eU_1}{\nu_1-\nu_C}$；当遏止电压为 0 时，$\nu=\nu_C$，C 错误、D 正确。

第二部分　四种典型的"核反应"

专题概要

对于微观世界，人们看不见，摸不着，如果缺乏丰富的想象力，不能从现有的经验、知识和观察到的实验现象进行大胆的、富于想象力的猜想，就不可能设计和构建出新的、有针对性的实验和理论，就没有今天物理学的辉煌成就。

一、原子核的衰变——天然放射现象

1. 天然放射现象：

放射性元素的原子核自发地放出射线的现象，是贝克勒尔首先发现的。说明原子核具有复杂结构。

（1）原子序数大于等于83的元素，都能自发地发出射线。

（2）三种射线：

①α射线：氦原子核^4_2He，电离本领最强、贯穿本领最弱；质量$4u$。

②β射线：电子$^0_{-1}e$，电离本领较强、贯穿本领较强；质量$\frac{1}{1837}u$。

③γ射线：光子γ，中性的电磁波；电离本领最弱、贯穿本领最强；质量0。

2. 衰变规律及本质

（1）α衰变

①规律：$^A_Z X \to ^{A-4}_{Z-2} Y + ^4_2 He$；②本质：$2^1_1 H + 2^1_0 n \to ^4_2 He$；

③典型方程：$^{238}_{92} U \to ^{234}_{90} Th + ^4_2 He$。

（2）β衰变

①规律：$^A_Z X \to ^A_{Z+1} Y + ^0_{-1} e$；②本质：$^1_0 n \to ^1_1 H + ^0_{-1} e$；

③典型方程：$^{234}_{90} Th \to ^{234}_{91} Pa + ^0_{-1} e$。

（3）γ射线

①放射性的原子核在发生α衰变、β衰变时，蕴藏在核内的能量会释放出来，使产生的新核处于高能级，这时它要向低能级跃迁，能量以γ光子的形式辐射出来。

②经常是伴随着 α 射线和 β 射线产生的；当放射性物质连续衰变时，原子核中有的发生 α 衰变，有的发生 β 衰变，同时伴随着 γ 辐射。这时，放射性物质发出的射线中就会同时具有 α、β 和 γ 三种射线。

3. 半衰期 τ：表示放射性元素衰变的快慢；它指的是放射性元素的原子核有半数发生衰变所需的时间。

（1）①$N_余 = N_原 \left(\dfrac{1}{2}\right)^{\frac{t}{\tau}}$，$m_余 = m_原 \left(\dfrac{1}{2}\right)^{\frac{t}{\tau}}$。

②式中 $N_原$、$m_原$ 表示衰变前的放射性元素的原子（核）数和质量，$N_余$、$m_余$ 表示衰变后尚未发生衰变的放射性元素的原子（核）数和质量；t 表示衰变时间，τ 表示半衰期。

（2）放射性元素衰变的快慢是由（原子）核内部自身的因素决定的，跟原子所处的化学状态（单质或化合物）和外部条件（压力、温度等物理条件）没有关系。

二、原子核的人工转变

主要特征是：采用人工控制的方式，用 α 粒子轰击某种原子核，进而产生了新的原子核。

（1）卢瑟福发现质子：①$^{14}_{7}\text{N} + ^{4}_{2}\text{He} \rightarrow ^{17}_{8}\text{O} + ^{1}_{1}\text{H}$；②人类第一次实现原子核的人工转变。

（2）查德威克发现中子：$^{4}_{2}\text{He} + ^{9}_{4}\text{Be} \rightarrow ^{12}_{6}\text{C} + ^{1}_{0}n$。

（3）约里奥·居里夫妇发现放射性同位素，探测正电子。①$^{27}_{13}\text{Al} + ^{4}_{2}\text{He} \rightarrow ^{30}_{15}\text{P} + ^{1}_{0}n$；②$^{30}_{15}\text{P} \rightarrow ^{30}_{14}\text{Si} + ^{0}_{1}e$。

放射性同位素的重要应用：①射线测厚；②"钴60"放射

治疗癌症；③示踪原子。

三、重核的裂变

质量数较大的原子核在被"中子$_0^1n$"轰击后，分裂成质量数"中等"的两个或多个原子核，并释放巨大的核能。

(1) 典型的裂变方程

①$_{92}^{235}U+_0^1n \rightarrow _{56}^{144}Ba+_{36}^{89}Kr+3_0^1n$；②$_{92}^{235}U+_0^1n \rightarrow _{54}^{136}Xe+_{38}^{90}Sr+10_0^1n$。

(2) "链式反应"的条件

①临界体积；②"临界质量。

(3) 重要应用

①核电站；②原子弹。

四、轻核的聚变——两个轻核结合成质量较大的原子核，简称"核聚变"，又叫作文热核反应，同时释放巨大的核能。

(1) 典例：$_1^2H+_1^3H \rightarrow _2^4He+_0^1n+17.6 \ MeV$。

(2) 重要应用：氢弹和受控热核反应。

五、核力与核能、质能方程 $E=mc^2$

1. 核力：原子核内部，核子间所特有的相互作用力。

2. (1) 核子在结合成原子核时出现质量亏损 Δm，其对应的能量 $\Delta E = \Delta mc^2$。

(2) 原子核分解成核子时要吸收一定的能量，相应的质量要增加 Δm，吸收的能量为 $\Delta E = \Delta mc^2$。

3. 结合能和比结合能

（1）结合能：核子结合成原子核时释放的能量或原子核分解为核子时吸收的能量，叫作原子核的结合能，亦称核能。

（2）比结合能：原子核的结合能与核子数之比，也叫平均结合能。

注意：平均结合能是核子结合成原子核的牢固程度的具体反映。结合能大的原子核，比结合能不一定大；结合能小的原子核，比结合能不一定小。质量数中等的原子核，平均结合能最大，如铁原子核最稳定。

4. 应用质能方程的解题流程

（1）流程图

书写核反应方程 ➡ 计算质量亏损 Δm ➡

利用 $\Delta E = \Delta mc^2$ 计算释放的核能

①根据 $\Delta E = \Delta mc^2$ 计算时，Δm 的单位是 kg，c 的单位是 m/s，ΔE 单位是 J。

②根据 $\Delta E = \Delta m \times 931.5$ MeV 计算时，Δm 的单位是 u，ΔE 单位是 MeV。其中，质量亏损为 1u（1个原子质量单位）时要释放 931.5 MeV 的核能！

（2）根据比结合能计算核能：原子核的结合能 = 比结合能 × 核子数。

典例1

^{14}C 发生放射性衰变成为 ^{14}N，半衰期约为 5700 年。已知植物存活期间，其体内 ^{14}C 与 ^{12}C 的比例不变；生命活动结束后，^{12}C 的比例持续减少。现通过测量得知，某古样品中 ^{14}C 的比例正

好是现代植物所制样品的 $\frac{1}{2}$。下列说法正确的是（　　）

A. 该古木的年代距今约 5700 年

B. ^{12}C、^{13}C、^{14}C 具有相同的中子数

C. ^{14}C 衰变为 ^{14}N 的过程中放出 β 射线

D. 增加样品测量环境的压强将加速 ^{14}C 的衰变

[解析]

①古木样品中的 ^{14}C 的比例正好是现代植物所制样品的 $\frac{1}{2}$，可知时间正好是 5700 年，A 正确。

②^{12}C 中子数是 6，^{13}C 中子数是 7，^{14}C 中子数是 8。B 错误。

③由 "$^{14}_{6}C \rightarrow ^{14}_{7}N + ^{0}_{-1}e$"，可知放出 β 射线。C 正确。

④放射性元素衰变的快慢是由"（原子）核内部'自身的因素'"决定的，跟原子所处的化学状态（单质或化合物）和外部条件（压力、温度等物理条件）没有关系。D 错误。答案为 AC。

典例 2

下列关于核反应、核能的说法正确的是（　　）。

A. 在太阳内部发生的典型核反应方程是 $4^{1}_{1}H \rightarrow 4He + 2X$，方程中的 X 为电子（$^{0}_{-1}e$），该核反应属于裂变反应；一种典型的铀核裂变是生成钡和氪，其核反应方程是 $^{235}_{92}U + ^{1}_{0}n \rightarrow ^{144}_{56}Ba + ^{89}_{36}Kr + 3^{1}_{1}H$

B. $^{238}_{92}U \rightarrow ^{234}_{90}Th + ^{4}_{2}He$ 和 $^{234}_{90}Th \rightarrow ^{234}_{91}Pa + ^{0}_{-1}e$ 是典型的裂变反应；以查德威克为代表的科学家利用 $^{14}_{7}He + ^{4}_{2}He \rightarrow ^{17}_{8}O + ^{1}_{1}H$ 第一次实现

了原子核的人工转变，进而利用 $_2^4He+_4^9Be \rightarrow _6^{12}C+_0^1n$ 发现了中子；而 $_2^4He+_{13}^{27}Al \rightarrow _{15}^{30}P+_0^1n$ 和 $_{15}^{30}P \rightarrow _{14}^{30}Si+_1^0e$ 正是约里奥·居里夫妇发现放射性同位素和正电子的核反应方程

C. 一个中子和一个质子结合成一个氘核释放的核能为 ΔE = 3.51×10^{-13}J；而核物理中，能量的单位常常使用"电子伏特（eV）"，则可知氘核的比结合能为 2.19 MeV

D. 太阳的总输出功率为 400 亿亿亿瓦（4×10^{26}W），它来自三种核反应，这些反应的最终结果是氢转变为 $_2^4He$。按照总输出功率计算，太阳每秒将失去 4.44×10^9 kg 的质量

[解析]

①该核反应 $4_1^1H \rightarrow _2^4He+2X$ 属于聚变反应，并且根据质量数和电荷数守恒可知，方程中的 X 为正电子（$_1^0e$）；该铀核的裂变应该释放 3 个中子（$_0^1n$）。A 错误。

② $_{92}^{238}U \rightarrow _{90}^{234}Th+_2^4He$ 和 $_{90}^{234}Th \rightarrow _{91}^{234}Pa+_{-1}^0e$ 是典型的衰变反应；卢瑟福利用 $_7^{14}N+_2^4He \rightarrow _8^{17}O+_1^1H$ 第一次实现了原子核的人工转变。B 错误。

③由 $\Delta E = \dfrac{3.51\times 10^{-13}}{1.60\times 10^{-19}}eV = 2.19\times 10^6 eV = 2.19$ MeV，则氘核的比结合能为 $\dfrac{2.19}{2} = 1.10$ MeV，C 错误。

④根据 $\Delta m = \dfrac{\Delta E}{c^2} = \dfrac{4\times 10^{26}}{(3\times 10^8)^2}$ kg = 4.44×10^9 kg 可知 D 正确。

光经矩形截面玻璃砖折射后的侧移量

专题概要

本专题的重点是光的折射定律和折射率的基本概念，教学中要给予充分重视。教学中要求学生能在折射现象的基础上，经过分析和推理得出定性结论，发现特点和规律，最终得出定量结论，从而培养学生科学思维、科学探究以及数理结合的能力。

典例分析　平行玻璃砖的厚度为 d，折射率为 n，一束光线以入射角 α 射到玻璃砖上，出射光线相对于入射光线的侧移距离为 Δx，如图所示，则 Δx 决定于下列哪个表达式？（　　）

A. $\Delta x = d\left(1 - \dfrac{\cos\alpha}{\sqrt{n^2 - \sin^2\alpha}}\right)$

B. $\Delta x = d\left(1 - \dfrac{\sin\alpha}{\sqrt{n^2 - \cos^2\alpha}}\right)$

C. $\Delta x = d\sin\alpha\left(1 - \dfrac{\cos\alpha}{\sqrt{n^2 - \sin^2\alpha}}\right)$

D. $\Delta x = d\cos\alpha\left(1 - \dfrac{\sin\alpha}{\sqrt{n^2 - \cos^2\alpha}}\right)$

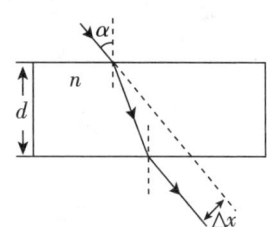

[常规格式]

如图所示：

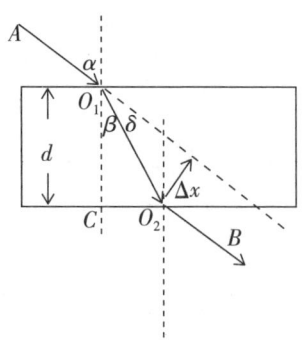

设折射角为 β，入射点和出射点间距 $L=\dfrac{d}{\cos\beta}$。

该过程满足光的折射定律：$n=\dfrac{\sin\alpha}{\sin\beta}$。

由几何关系可知，侧移量 $\Delta x = L\sin(\alpha-\beta)$，而 $L=\dfrac{d}{\cos\beta}$。

则 $\Delta x = L\sin(\alpha-\beta) = \dfrac{d}{\cos\beta}\sin(\alpha-\beta) = \dfrac{d}{\cos\beta}(\sin\alpha\cos\beta - \cos\alpha\sin\beta) = d\left(\sin\alpha - \dfrac{\cos\alpha\sin\beta}{\cos\beta}\right) = d\sin\alpha\left(1 - \dfrac{\cos\alpha\sin\beta}{\sin\alpha\cos\beta}\right) = d\sin\alpha\left(1 - \dfrac{\cos\alpha}{n\cos\beta}\right) = d\sin\alpha\left(1 - \dfrac{\cos\alpha}{n\sqrt{1-\sin^2\beta}}\right) = d\sin\alpha\left(1 - \dfrac{\cos\alpha}{n\sqrt{1-\dfrac{\sin^2\alpha}{n^2}}}\right) = d\sin\alpha\left(1 - \dfrac{\cos\alpha}{n\sqrt{\dfrac{n^2-\sin^2\alpha}{n^2}}}\right) = d\sin\alpha\left(1 - \dfrac{\cos\alpha}{\sqrt{n^2-\sin^2\alpha}}\right)$。注意：$\sin\beta = \dfrac{\sin\alpha}{n}$。

[补充说明]

① 侧移量 $\Delta x = d\sin\alpha\left(1 - \dfrac{\cos\alpha}{\sqrt{n^2-\sin^2\alpha}}\right)$；

② $\Delta x = d\sin\alpha\left(1 - \sqrt{\dfrac{\cos^2\alpha}{n^2-\sin\alpha}}\right) = d\sin\alpha\left[1 - \sqrt{\dfrac{n^2-n^2+1-\sin^2\alpha}{n^2-\sin^2\alpha}}\right]$；

③ $\Delta x = d\sin\alpha\left[1 - \sqrt{\dfrac{n^2-n^2+1-\sin^2\alpha}{n^2-\sin^2\alpha}}\right] = d\sin$

$\alpha\left[1-\sqrt{1-\dfrac{n^2-1}{n^2-\sin^2\alpha}}\right]$;

④ $\Delta x = d \sin \alpha\left[1-\sqrt{\dfrac{(n^2-\sin^2\alpha)(n^2-1)}{n^2-\sin^2\alpha}}\right] = d \sin \alpha\left[1-\sqrt{1-\dfrac{n^2-1}{n^2-\sin^2\alpha}}\right]$。

综上所述,"侧移量"常见的表达如下:

① $\Delta x = d \sin \alpha\left(1-\dfrac{\cos\alpha}{\sqrt{n^2-\sin^2\alpha}}\right)$; ② $\Delta x = d \sin \alpha\left[1-\sqrt{1-\dfrac{n^2-1}{n^2-\sin^2\alpha}}\right]$。

[**极限分析**] 由于 Δx 随厚度 d、入射角 α、折射率 n 的减小而减小;因此若将 d、α、n 推向极限,则:当 $\alpha=0$ 时,$\Delta x=0$;$d=0$ 时,$\Delta x=0$;$n=1$ 时,$\Delta x=0$。

考查四个选项中能满足此三种情况的只有 C 选项。

[**点评**] 值得注意的是,当题干中所涉及的物理量随条件单调变化时,采用极限法解题较为便捷。但若题干中所涉及的物理量随条件不是单调变化(如先增大后减小或先减小后增大)时,该办法一般不适用。

"电磁感应与数理结合"小专题分享

专题概要

"电磁感应"是高中物理综合性最强的知识板块,对与电磁感应相关的一个个问题的探究总结归纳出物理规律,体现对学生核心素养培养的要求。通过创设问题情境,引发学生思考和讨论,在问题的探究中逐步形成物理观念,意在培养学生的数理结合能力和科学探究能力;让学生体验和经历这样的建构过程,有助于学生科学素养的提高。

典例1

如图所示,光滑的平行金属导轨水平放置,不计电阻,导轨间距为 l,其左侧接一阻值为 R 的电阻;$cdef$ 区域内存在垂直轨道平面向下的有界匀强磁场,磁场宽度为 s。一质量为 m,阻值为 r 的金属棒 MN 置于导轨上,它与导轨垂直且接触良好;金属棒受到 $F=0.5v+0.4$（N）（v 是金属棒的速度）的水平外力作用,从磁场的左边界由静止开始运动,测得该过程电阻 R 两端电压随时间均匀增大。已知:$l=1$ m,$m=1$ kg,$R=0.3$ Ω,$r=0.2$ Ω,$s=1$ m。

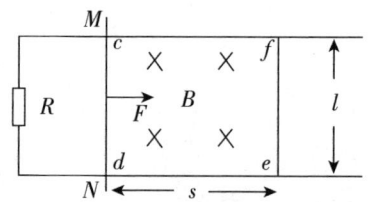

(1) 分析并说明该金属棒在磁场中如何运动？

(2) 求磁感应强度 B 的大小。

(3) 若撤去外力 F 之后，金属棒的速度 v 随位移 x 的变化规律满足 $v = v_0 - \dfrac{B^2 l^2}{m(r+R)} x$，且金属棒运动到 ef 时恰好静止，则外力 F 的作用时间有多长？

(4) 若在金属棒未出磁场区域时撤去外力，之后仍满足 $v = v_0 - \dfrac{B^2 l^2}{m(r+R)} x$。画出金属棒在整个运动过程中速度随位移的变化所对应的各种可能的图线。

[解析]　以下计算采用国际单位制，计算过程中间有省略。

(1) 对金属棒运动过程分析

①感应电动势大小 $E = Blv$，电流大小 $I = \dfrac{E}{r+R} = \dfrac{Blv}{r+R}$；

②电阻 R 两端电压大小 $U_R = IR = \dfrac{BlR}{r+R} v$。

因 $U_R \propto t$，同时 $U_R \propto v$，故 $v \propto t$；速度 v 随时间 t 均匀增加，即金属棒做初速度为零的匀加速直线运动！

(2) 对金属棒运动过程分析

①由右手定则、左手定则可知金属棒受安培力水平向左；其大小为 $f = BIl = \dfrac{B^2 l^2}{r+R} v$，即 $f = \dfrac{B^2 \times 1^2}{0.2 + 0.3} v = \dfrac{B^2}{0.5} v = (2B^2) v$。

②由牛顿第二定律可知 $F - f = ma$，即 $(0.5v + 0.4) - (2B^2 v) = a$。

请注意：匀变速直线运动的加速度 a 恒定，与速度 v 无关，故 $a=0.4\text{m/s}^2$；

同时，$0.5-2B^2=0$，即磁感应强度 $B=0.5\text{T}$。

(3) 运动分为两个阶段

①第一阶段，力 F 作用的匀加速过程：$x_1=\frac{1}{2}at_1^2=0.2t_1^2$，$v_0=at_1=0.4t_1$。

②第一阶段，力 F 撤去的变加速过程：由 $v=v_0-\frac{B^2l^2}{m(r+R)}x_2$

可得 $0=0.4t_1-\frac{0.5^2\times 1^2}{1\times(0.2+0.3)}x_2=0.4t_1-0.5x_2$，即 $x_2=0.8t_1$。

③由 $x_1+x_2=s$，则 $0.2t_1^2+0.8t_1=1$；

解得 $t_1=1\text{s}$，外力 F 的作用时间为 $t=t_1=1\text{s}$。

(4) 若在金属棒未出磁场区域时撤去外力，之后仍满足 $v=v_0-\frac{B^2l^2}{m(r+R)}x$。画出金属棒在整个运动过程中速度随位移的变化所对应的各种可能的图线。

(a) 承接第 (3) 问

①$v_0=at_1=0.4\times 1\text{m/s}=0.4\text{m/s}$；$x_1=\frac{1}{2}at_1^2=\frac{1}{2}\times 0.4\times 1^2\text{m}=0.2\text{m}$。

②该情况下，金属棒刚好到达磁场的右边界 ef 时，速度减小为零。

③与之对应的 v-x 图像如下图

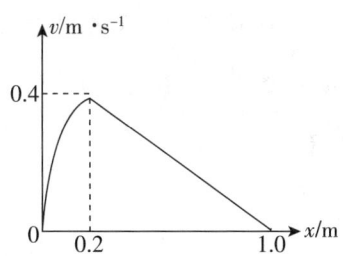

需要说明的是，由 $v^2-0^2=2ax$，可知 $x=\dfrac{1}{2a}v^2$，故 x-v 图像是过坐标原点向上扬起的二次抛物线；可将 x-v 图像旋转得到 v-x 图像!

（b）同理可知有以下可能：

①金属棒第一阶段运动时间 $t_1<1.0\text{s}$、$v_0<0.4\text{m/s}$、$x_1<0.2\text{m}$，第二阶段金属棒还没有到达磁场右边界 ef 时就已经减速为 0! 如图所示。

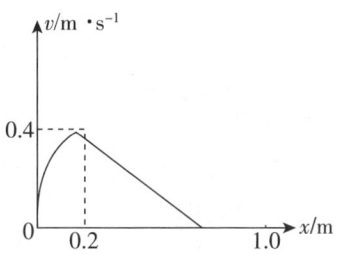

②金属棒第一阶段运动时间 $t_1>1.0\text{s}$、$v_0>0.4\text{m/s}$、$x_1>0.2\text{m}$，第二阶段金属棒到达磁场右边界 ef 时速度不为 0，之后它将以不变的速度在磁场外做匀速直线运动! 如图所示。

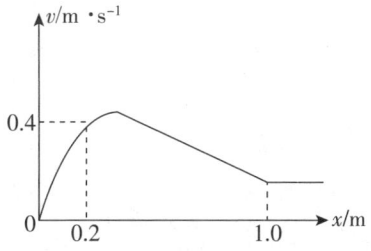

(c) 特例说明如下

①如果金属杆即将到达 ef 时撤去外力 F,离开磁场之后,它将以较大的速度做匀速直线运动;则由 $v_0^2 - 0^2 = 2as$,即 $v_0 = \sqrt{2 \times 0.4 \times 1}$ m/s $\approx \sqrt{0.81}$ m/s $= 0.9$ m/s。

②如图所示

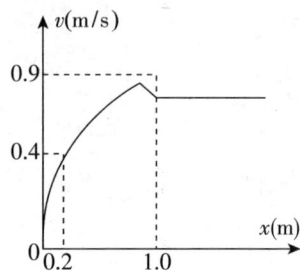

典例2

如图甲所示,$abcd$ 是位于竖直平面内的正方形闭合金属线框,金属线框的质量为 m,电阻为 R。在金属线框的下方有一匀强磁场区域,MN 和 $M'N'$ 是匀强磁场区域的水平边界,并与线框的 cd 边平行,磁场方向与线框平面垂直。现金属线框由距 MN 某一高度处从静止开始下落,图乙是金属线框由开始下落到完全穿过匀强磁场区域瞬间的 v-t 图像,图像中坐标轴上所标出的字母均为已知量。求:

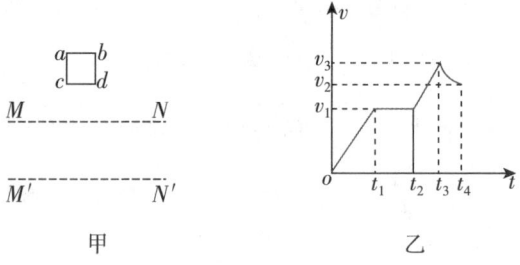

(1) 金属线框的边长;

(2) 磁场的磁感应强度;

(3) 金属线框在整个下落过程中所产生的热量。

[解析]

（1）$t_1 \sim t_2$ 内，金属线框从 cd 开始进入，直到 ab 刚好进入磁场上边界 MN，线框一直以速度 v_1 做匀速直线运动。

①该过程位移大小 $y_1 = v_1(t_2 - t_1)$；

②则该正方形线框的边长 $L = y_1 = v_1(t_2 - t_1)$。

（2）假设磁场 B 水平向外，$t_1 \sim t_2$ 过程：cd 切割磁感线，由右手定则和左手定则可知感应电流 I_1 沿顺时针由 $d \to c$、大小为 f_1 的安培力竖直向上。

①感应电动势大小 $E_1 = BLv_1$，电流大小 $I_1 = \dfrac{E_1}{R} = \dfrac{BLv_1}{R}$；$f_1 = BI_1L = \dfrac{B^2L^2}{R}v_1$。

②向下匀速运动：$f_1 = mg$，即 $B^2 = \dfrac{mgR}{L^2 v_1} = \dfrac{mgR}{[v_1(t_2-t_1)]^2 v_1}$。

即，磁感应强度的大小 $B = \dfrac{1}{v_1(t_2-t_1)}\sqrt{\dfrac{mgR}{v_1}}$。

（3）金属线框产生焦耳热的过程是它"进入磁场"和"离开磁场"的两个阶段。

①$t_1 \sim t_2$ 内，金属线框从 cd 开始进入，直到 ab 刚好进入磁场上边界 MN，线框一直以速度 v_1 做匀速直线运动，动能不变，重力势能的减少量等于焦耳热 Q_1。即，$Q_1 = mgL$。

②"$t_3 \sim t_4$" 内，金属线框从 cd 离开 $M'N'$ 开始，直到 ab 就要离开 $M'N'$ 为止；线框以 v_3 开始，直到 v_2 为止，做加速度减小的减速运动；重力势能和动能的减少转化为焦耳热 Q_2。即

$$mgL + \left(\dfrac{1}{2}mv_3^2 - \dfrac{1}{2}mv_2^2\right) = Q_2$$

综上所述，$Q = Q_1 + Q_2 = 2mgL + \dfrac{1}{2}m(v_3^2 - v_2^2)$；

即 $Q = Q_1 + Q_2 = 2mgv_1(t_2 - t_1) + \dfrac{1}{2}m(v_3^2 - v_2^2)$。

试题集萃

命制物理试题需要与时代对话、与价值对话、与物理学史研究对话,享受对话的过程,研磨对话的细节,感悟对话的体验,收获对话的成长!

◎ "命制试题"即对话

◎ "静电场"强化训练

◎ "恒定电流"强化训练

◎ "磁场对运动电荷的作用"专项训练

◎ "电磁感应规律及应用"专项训练

◎高三总复习阶段测试模拟试题(一)

◎高三总复习阶段测试模拟试题(二)

"命制试题"即对话

好的物理试题，能够不断牵引学生进行思考，让其在解决问题中收获成功的喜悦。教师在命制试题的过程中，需要依据《中国高考评价体系》，以"基础性、综合性、应用性、创新性"为考查要求，通过不同难度的试题科学组合与搭配，考查学生的基础知识、关键能力和学科核心素养。试题命制要注重情境应用、关注科技前沿、社会热点……好的物理试题不是以难取胜，而是如同一面镜子，不仅能反映命题人的学科思想，也能照射出学生的科学素养；经过反复打磨，最后不仅呈现出一份高质量的、具有辐射作用的试卷，还会使命题人的专业素养得到进一步的提高。

命题即"对话"。与"一核"对话"为什么考"；与"四层"对话"考什么"；与"四翼"对话"怎么考"；与课标对话课程结构；与情景对话思维品质；与学者对话学业质量水平；与教者对话"教什么、怎么教、教到什么程度"。命制物理试题需要与时代对话、与价值对话、与物理学史研究对话，享受对话的过程，研磨对话的细节，感悟对话的体验，收获对话的成长！

"静电场" 强化训练

命题热度

本章属于热点内容，10 年以来，从命题频次上看，全国卷 10 年 35 考，地方卷 77 考。

考查方向

本章属于重点、热点、难点内容。电势高低与电势能大小的判断、带电粒子在电场中的加速和偏转、带电粒子（带电质点）在电场中的综合问题是高考命题的热点。

明智备考

1. 构建知识体系，透析电场规律。以电场强度、电势、电势能、电势差、电场力做功等基本概念入手，夯实电场基础，掌握基本模型。

2. 前后联系，归纳方法。善于利用类比法把复杂、抽象的电场问题转化为较熟悉的力学问题，掌握对称法、等效法、微元法、割补法等解题方法，学会解决静电场综合问题的有效方法。

一、选择题（1~6 题为单选，7~8 题为多选）

1. 竖直绝缘墙壁上的 Q 点有一固定质点 A，在 Q 点正上方的 P 点用一丝线悬挂一质点 B。A、B 因带正电而排斥，致使悬线与竖直方向成 θ 角。θ 如图所示，由于漏电，A、B 电量缓慢减少，在 θ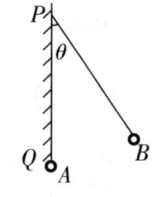

角变化至零之前，悬线拉力大小（　　）。

A. 逐渐减少　　　　　　　　B. 逐渐增大

C. 保持不变　　　　　　　　D. 先变小后变大

2. 均匀带电的球体在球外空间产生的电场等效于电荷集中于球心处产生的电场。如图所示，在半球体上均匀分布正电荷，总电荷量为 q，球半径为 R，MN 为通过半球顶点与球心 O 的轴线，在轴线上有 A、B 两点，A、B 关于 O 点对称，$AB = 4R$。已知 A 点的场强大小为 E，则 B 点的场强大小为（　　）。

A. $\dfrac{kq}{2R^2}+E$ 　　B. $\dfrac{kq}{2R^2}-E$ 　　C. $\dfrac{kq}{4R^2}+E$ 　　D. $\dfrac{kq}{4R^2}-E$

3. 空间有一沿 x 轴对称分布的电场，其电场强度 E 随 x 变化的图像如图所示。下列说法正确的是（　　）。

A. O 点的电势最低

B. x_2 点的电势最高

C. x_1 和 $-x_1$ 两点的电势相等

D. x_1 和 x_3 两点的电势相等

4. 如图所示，两等量异种电荷 $+Q$ 和 $-Q$ 分别位于 x 轴上的 a、b 两点，其位置关于坐标原点 O 对称，曲线 acb 是一个以 O 点为圆心的半圆，c 点为半圆与 y 轴的交点，d、e 两点为一平行于 x 轴的直线与半圆的交点，下列判断正确的是（　　）。

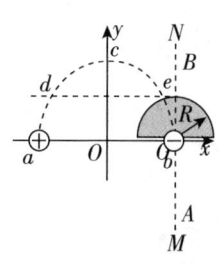

A. d、c、e 三点中，c 点的电势最高

B. d、e 两点电场强度和电势均相同

C. 将一个正电荷 q 沿着圆弧从 d 点经 c 点移到 e 点，电场力先做正功后做负功

D. 将一个正电荷 q 放在半圆上任一点，两电荷对 q 的作用力大小分别是 F_1、F_2，则 $\dfrac{1}{F_1}+\dfrac{1}{F_2}$ 之和为定值

5. 在平面直角坐标系中，有方向平行于坐标平面的匀强电场。其中坐标原点 O 处的电势为零，坐标为（6 cm，0 cm）的点 A 处的电势为 6 V，坐标为（0 cm，$\sqrt{3}$ cm）的点 B 处的电势为 3 V。则电场强度的大小为（　　）。

　　A. 100 V/m　　　　　　　　B. $100\sqrt{3}$ V/m

　　C. $200\sqrt{3}$ V/m　　　　　　D. 200 V/m

6. 如图所示，高速运动的 α 粒子（为氦核）被位于 O 点的重原子核散射，实线表示 α 粒子运动的轨迹，M、N 和 Q 为轨迹上的三点，N 点离核最近，Q 点比 M 点离核更远，则（　　）。

　　A. α 粒子在 M 点的速率比在 Q 点的大

　　B. 三点中，α 粒子在 N 点的电势能最大

　　C. 在重核产生的电场中，M 点的电势比 Q 点的低

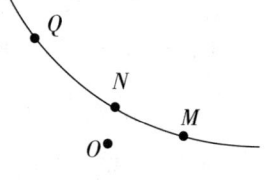

　　D. α 粒子从 M 点运动到 Q 点，电场力一直对它做正功

7. 在空间某一匀强电场中，将一质量为 m、电荷量为 q 的小球由静止释放，带电小球的运动轨迹为一直线，该直线与竖直方向成锐角 θ，电场强度大小为 E。则下列说法正确的是（　　）。

　　A. 由于小球所受的电场力和重力做功均与路径无关，故小

球的机械能守恒

B. 若 $E = mg\sin\theta/q$，则小球的电势能不变，机械能守恒

C. 若 $\theta > \pi/4$ 且 $E = mg\tan\theta/q$，则小球的动能必增大，电势能可能增大

D. 若 $\theta < \pi/4$ 且 $E = mg\tan\theta/q$，则小球的动能必增大，电势能可能增大

8. 一匀强电场的方向平行于 xOy 平面，平面内 a、b、c 三点的位置如图所示，三点的电势分别为 10 V、17 V、26 V。下列说法正确的是(　　)。

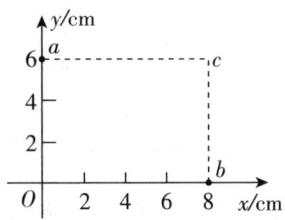

A. 电场强度的大小为 2.5 V/cm

B. 坐标原点处的电势为 1 V

C. 电子在 a 点的电势能比在 b 点的低 7 eV

D. 电子从 b 点运动到 c 点，电场力做功为 9 eV

二、**计算题**（本题共 2 题，要有必要的文字说明和解题步骤，有数值计算的要注明单位）

9. 如图所示，光滑绝缘的 $\dfrac{3}{4}$ 圆形轨道 $BCDG$ 位于竖直平面内，轨道半径为 R，下端与水平绝缘轨道在 B 点平滑连接，整个轨道处在水平向左的匀强电场中。现有一质量为 m、带正电

的小滑块（可视为质点）置于水平轨道上，滑块受到的电场力大小为 $\frac{3}{4}mg$，滑块与水平轨道间的动摩擦因数为 0.5，重力加速度为 g。求：

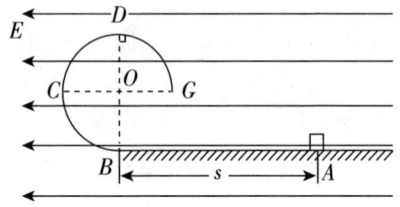

（1）若滑块从水平轨道上距离 B 点为 $s=3R$ 的 A 点由静止释放，求滑块到达与圆心 O 等高的 C 点时的速度大小；

（2）在（1）的情况下，求滑块到达 C 点时对轨道的作用力大小；

（3）改变 s 的大小，使滑块恰好始终沿轨道滑行，且从 G 点飞出轨道，求滑块在圆轨道上滑行过程中的最小速度大小。

10. 如图 1 所示，真空室中电极 K 发出的电子（初速不计）经过 $U_0=1000$ 伏的加速电场后，由小孔 S 沿两水平金属板 A、B 间的中心线射入。A、B 板长 $l=0.20$ 米，相距 $d=0.020$ 米，加在 A、B 两板间电压 u 随时间 t 变化的 u-t 图线如图 2 所示。设 A、B 间的电场可看做是均匀的，且两板外无电场。在每个电子通过电场区域的极短时间内，电场可视作恒定的。两板右侧放一记录圆筒，筒在左侧边缘与极板右端距离 $b=0.15$ 米，筒绕其竖直轴匀速转动，周期 $T=0.20$ 秒，筒的周长 $s=0.20$ 米，筒能接收到通过 A、B 板的全部电子。

(1) 以 $t=0$ 时（见图 2，此时 $u=0$）电子打到圆筒记录纸上的点作为 xy 坐标系的原点，并取 y 轴竖直向上。试计算电子打到记录纸上的最高点的 y 坐标和 x 坐标。（不计重力作用）

(2) 在给出的坐标纸（图 3）上定量地画出电子打到记录纸上的点形成的图线。

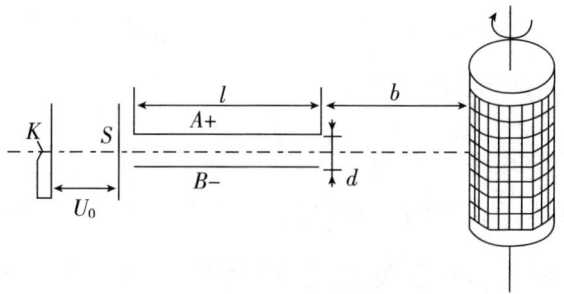

图 1

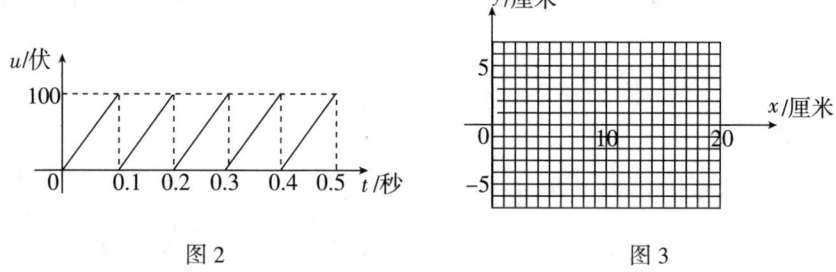

图 2　　　　　　　　　图 3

"恒定电流"强化训练

命题热度

本章属于热点内容，10年以来，从命题频次上看，全国卷10年27考，地方卷57考。

考查方向

本章单独考查电路知识的机会很少，主要考查科学探究素养，通过实验考查电路知识的掌握情况。实验的原理、仪器的选择、电路的分析是高考的重点。测量电阻类实验、测量电源电动势和内阻类的实验、电路设计等创新类实验是高考命题的热点。

明智备考

1. 一定要把握实验的灵魂——原理，会分析并弄清每个实验的原理，在原理掌握之后，学会数据的处理和误差分析的方法。在备考中要立足教材中的基本实验，弄透教材中各种实验仪器的使用方法。

2. 加强实验"可参与"环节的训练。高考实验试题非常重视对实验可参与环节的考查，因此要加强对基本仪器的读数、点迹处理、图像分析、电路连接、电路改装与设计、误差分析及有效数字等多方面的训练。

一、选择题（1~3题为单选，4~5题为多选）

1. 如图所示，电路中每个电阻的阻值都相同。当电压 U 升高时，先烧坏的电阻应是　　　　　　　　（　　）。

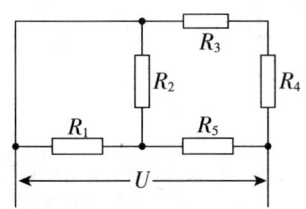

　A. R_1 和 R_2　　B. R_3 和 R_4　　C. R_5　　D. 不能确定

2. 如图，电流 $I_1 = 0.2$ A，$I_2 = 0.1$ A；$R_1 = 5\ \Omega$、$R_2 = 1\ \Omega$、$R_3 = 3\ \Omega$。则表示电流表的示数 I_A 大小和方向正确的是（　　）。

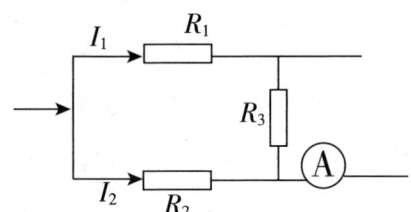

　A. 0.2 A，向左流过 A 表

　B. 0.2 A，向右流过 A 表

　C. 0.4 A，向右流过 A 表

　D. 无法判断

3. 如图甲所示电路中，闭合电键 S，当滑动变阻器的滑动触头 P 向下滑动的过程中，四个理想电表的示数都发生变化。图乙中三条图线分别表示了三个电压表示数随电流表示数变化的情况。以下说法正确的是（　　）。

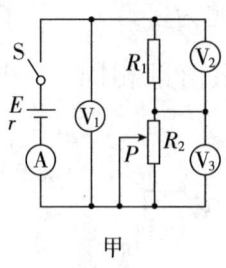

甲

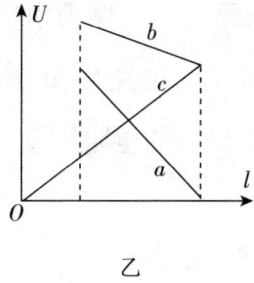

乙

① 图线 a 表示的是电压表 V₃ 的示数随电流表示数变化的情况

② 图线 c 表示的是电压表 V₂ 的示数随电流表示数变化的情况

③ 此过程中电压表 V₁ 示数的变化量 ΔU_1 和电流表示数变化量 ΔI 的比值变大

④ 此过程中电压表 V₃ 示数的变化量 ΔU_3 和电流表示数变化量 ΔI 的比值不变

A. ①②③　　B. ②③④　　C. ①②④　　D. ①③④

4. 如图所示，电流表、电压表均为理想电表，L 为小电珠，R 为滑动变阻器，电源电动势为 E，内阻为 r。现将开关 S 闭合，当滑动变阻器滑片 P 向左移动时，下列结论正确的是(　　)。

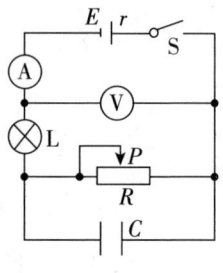

A. 电流表示数变小，电压表示数变大

B. 小电珠变亮

C. 电源的总功率变小

D. 电容器 C 上电荷量减少

5. 如图甲所示，电源电动势 $E=6$ V，闭合开关，将滑动变阻器的滑片 P 从 A 端滑至 B 端的过程中，得到电路中的一些物理量的变化如图乙、丙、丁所示。其中图乙为输出功率与路端电压的关系曲线，图丙为路端电压与总电流的关系曲线，图丁为电源效率与外电路电阻的关系曲线，不考虑电表、导线对电路的影响。则下列关于图中 a、b、c、d 点的坐标值正确的是（　　）。

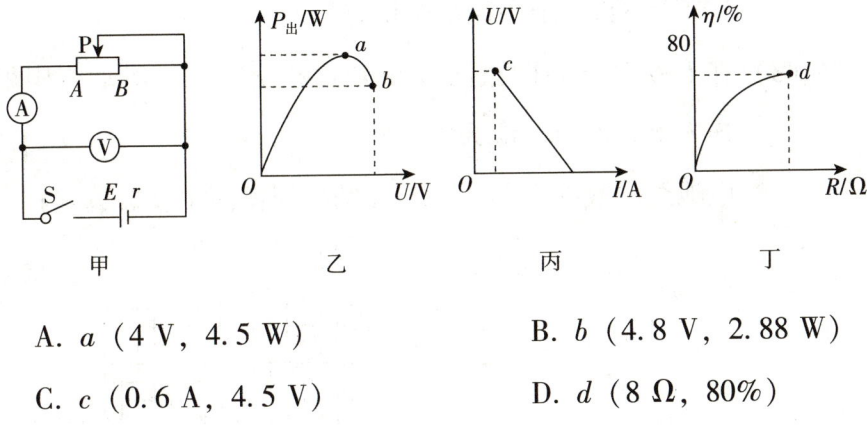

A. a（4 V，4.5 W）　　　　　　B. b（4.8 V，2.88 W）

C. c（0.6 A，4.5 V）　　　　　　D. d（8 Ω，80%）

二、实验题（每个问题2分，共10分）

6. 用下列器材组装成一个电路，既能测量出电池组的电动势 E 和内阻 r，又能同时描绘小灯泡的伏安特性曲线。

   A. 电压表 V_1（量程 6 V、内阻很大）

   B. 电压表 V_2（量程 3 V、内阻很大）

   C. 电流表 A（量程 3 A、内阻很小）

   D. 滑动变阻器 R（最大阻值 10 Ω、额定电流 4 A）

   E. 小灯泡（2 A、5 W）

   F. 电池组（电动势 E、内阻 r）　　G. 开关一只，导线若干

   （1）实验时，调节滑动变阻器的阻值，多次测量后发现：若电压表 V_1 的示数增大，则电压表 V_2 的示数减小。请将

设计的实验电路图在下方的虚线方框中补充完整。

（2）每一次操作后，同时记录电流表 A、电压表 V_1 和电压表 V_2 的示数，组成两个坐标点 (I, U_1)、(I, U_2)，标到 U–I 坐标中，经过多次测量，最后描绘出两条图线，如下图所示，则电池组的电动势 $E=$_____ V、内阻 $r=$_____ Ω。（结果保留两位有效数字）

（3）在 U–I 坐标中两条图线在 P 点相交，此时滑动变阻器连入电路的阻值应为_____Ω，电池组的效率为_____（结果保留两位有效数字）。

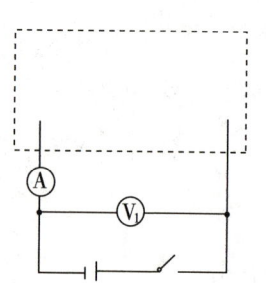
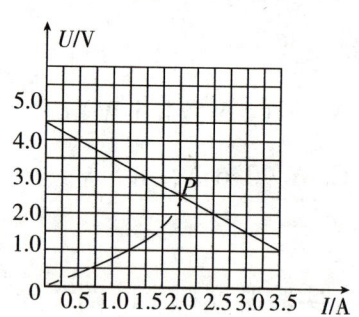

三、计算题

7.（9分）如图所示. 电阻 $R_1=R_2=R_3=4\ \Omega$，$R_4=12\ \Omega$，电容 $C=10\mu F$，电源电动势 $E=12\ V$，内阻不计，若在工作过程中，电阻 R_2 突然发生断路。

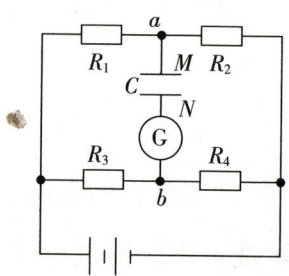

求：(1) 通过电流计 G 的电流方向如何（用 N-G-b 或 b-G-N 表示）。

(2) 从电阻断开到电路稳定的过程中，流经电流计的电量。

（二）

1. 甲乙两根同种材料制成的保险丝，甲的横截面积为 0.4 mm²，熔断电流为 5 A；乙的横截面积为 0.6 mm²，熔断电流为 10 A。这两根保险丝的长度相同，现将这两根保险丝并联接入电路，允许通过的最大电流不能超过_____A。

2. 某一直流电动机提升重物（装置图略），重物的质量 $m=50$ kg，电源的电动势 $E=110$ V，不计电源的内阻及各处的摩擦，当电动机以恒定的速度 $v=0.9$ m/s 向上提升重物时，电路中的电流强度 $I=5$ A，由此可知电动机线圈的电阻 $R=$ _____ Ω。

3. 如图所示，直线 b 为电源的 U-I 图线，直线 a 为电阻 R 的 U-I 图线；用该电源和电阻组成闭合电路时，电源的输出功率和电源的效率分别是（　　）。

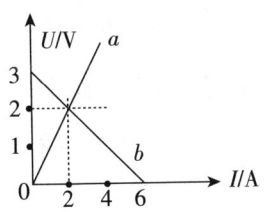

A. 电源的输出功率 4 W　　　B. 电源的输出功率 2 W
C. 电源的效率 33.3%　　　　D. 电源的效率 67%

4. 如图所示，M、N 间电压恒定，当电键 S 合在触点 a 时，电压表示数为 10 V、电流表示数为

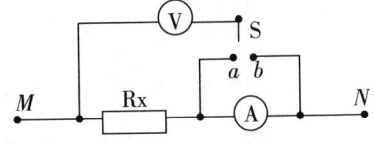

0.2 A；当电键 S 合在触点 b 时，电压表示数为 12 V、电流表示数为 0.15 A，那么以下选项正确的是（　　）。

A. R_x 较准确的测量值是 50 Ω

B. R_x 较准确的测量值是 80 Ω

C. R_x 的真实值是 70 Ω

D. 无法计算 R_x 的真实值

5. 用两个完全相同的微安表改装成安培表。第一个改装表的量程为 1 A，第二个改装表的量程为 3 A；设改装后的两个安培表内阻分别为 r_1 和 r_2。则，以下描述正确的是（　　）。

A. $r_1 : r_2 = 1 : 3$

B. $r_1 : r_2 = 3 : 1$

C. 两只安培表并联后，在电路中指针偏角之比为 $\theta_1 : \theta_2 = 1 : 3$

D. 两只安培表并联后，在电路中示数之比为 $I_1 : I_2 = 1 : 3$

6. 如图所示为白炽电灯 A（规格为"220 V，100 W"）、B（规格为"220 V，60 W"）的伏安特性曲线（I-U 图线），则根据该曲线可确定将两灯串联在 220 V 的电源上时，两灯的实际功率分别为 $P_A =$ ＿＿＿ W；$P_B =$ ＿＿＿ W。

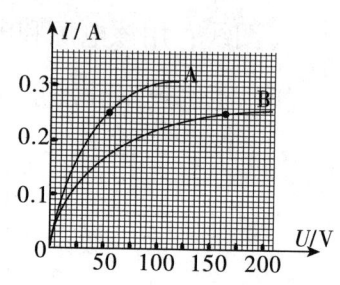

7. 一量程为"0～3 V"的电压表Ⓥ，其内阻 R_v 未知，但其内阻 R_v 的范围大致为"20 kΩ～50 kΩ"。为测定其内阻，提供如下器材：

①待测内阻的电压表Ⓥ；

②内阻不计，量程"0～200 μA"电流表Ⓐ₁；

③内阻不计，量程"0~500 mA"电流表Ⓐ2；

④内阻不计，量程"0~0.6 A"电流表Ⓐ3；

⑤滑动变阻器 R（0~20 Ω）；

⑥电源电动势 E=4.0 V，不计内阻；

⑦电键 S 一个，导线若干。

要求：实验方案能测量多组数据，并且尽可能准确。

（1）在指定虚线方框内画出实验电路图。

（2）电流表应选用_____。（选填Ⓐ1或Ⓐ2 or Ⓐ3）

8. 小明同学设计了如图1所示的电路测电源电动势 E 及电阻 R_1 和 R_2 的阻值。实验器材有：待测电源 E（不计内阻），待测电阻 R_1，待测电阻 R_2，电流表 A（量程为 0.6 A，内阻较小），电阻箱 R（0~99.99 Ω），单刀单掷开关 S_1，单刀双掷开关 S_2，导线若干。

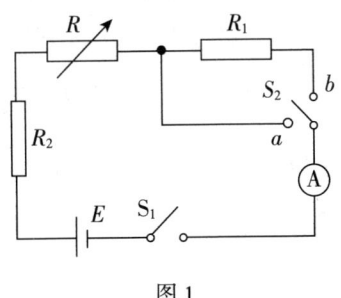

图1

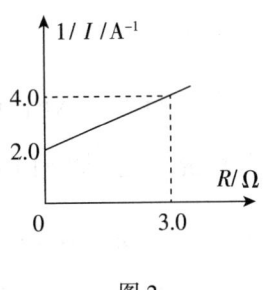

图2

(1) 先测电阻 R_1 的阻值。闭合 S_1，将 S_2 切换到 a，调节电阻箱 R，读出其示数 r_1 和对应的电流表示数 I，将 S_2 切换到 b，调节电阻箱 R，使电流表示数仍为 I，读出此时电阻箱的示数 r_2，则电阻 R_1 的表达式为 $R_1 =$ _____。

(2) 小明同学已经测得电阻 $R_1 = 2.0\ \Omega$，继续测电源电动势 E 和电阻 R_2 的阻值。他的做法是：闭合 S_1，将 S_2 切换到 b，多次调节电阻箱，读出多组电阻箱示数 R 和对应的电流表示数 I，由测得的数据，绘出了如图 2 所示的 $1/I$-R 图线，则电源电动势 $E =$ _____ V，电阻 $R_2 =$ _____ Ω。（保留两位有效数字）

(3) 用此方法测得的电动势的测量值_____真实值；R_2 的测量值_____真实值。（填"大于""小于"或"等于"）

9. 某同学用图（a）所示电路探究小灯泡的伏安特性，所用器材有：

小灯泡（额定电压 2.5 V，额定电流 0.3 A）；

电压表（量程 300 mV，内阻 300 Ω）；

电流表（量程 300 mA，内阻 0.27 Ω）；

定值电阻 R_0；

滑动变阻器 R_1（阻值 0~20 Ω）；

电阻箱 R_2（最大阻值 9999.9 Ω）；

电源 E（电动势 6 V，内阻不计）；

开关 S、导线若干。

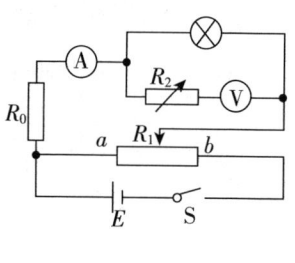

图（a）

完成下列填空：

(1) 有3个阻值分别为10 Ω、20 Ω、30 Ω 的定值电阻可供选择，为了描绘小灯泡电流在 0~300 mA 的 U-I 曲线，R_0 应选取阻值为_____Ω 的定值电阻。

(2) 闭合开关前，滑动变阻器的滑片应置于变阻器的_____（填"a"或"b"）端。

(3) 在流过电流表的电流较小时，将电阻箱 R_2 的阻值置零，改变滑动变阻器滑片的位置，读取电压表和电流表的示数 U、I，结果如图（b）所示。当流过电流表的电流为 10 mA 时，小灯泡的电阻为_____Ω（保留1位有效数字）。

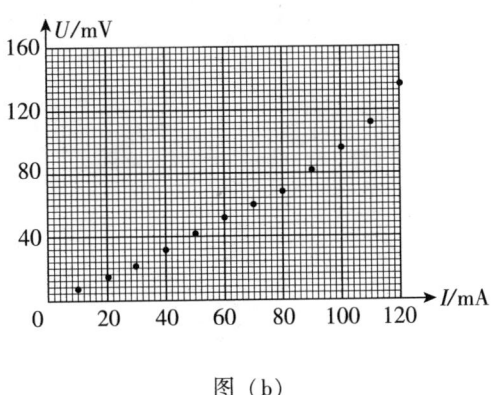

图（b）

(4) 为使得电压表满量程时对应于小灯泡两端的电压为 3 V，该同学经计算知，应将 R_2 的阻值调整为_____Ω。然后调节滑动变阻器 R_1，测得数据如下表所示。

U/mV	24.0	46.0	76.0	110.0	128.0	152.0	184.0	216.0	250.0
I/mA	140.0	160.0	180.0	2000	220.0	240.0	260.0	2800	300.0

(5) 由图（b）和上表可知，随流过小灯泡电流的增加，其灯丝的电阻_____（填"增大""减小"或"不变"）。

(6) 该同学观测到小灯泡刚开始发光时流过电流表的电流为 160 mA，可得此时小灯泡电功率 $P_1 =$ _____W（保留 2 位有效数字）；当流过电流表的电流为 300 mA 时，小灯泡的电功率为 P_2，则 $\dfrac{P_2}{P_1} =$ _____（保留至整数）。

"磁场对运动电荷的作用"专项训练

命题热度

本章属于热点内容，10 年以来，从命题频次上看，全国卷 10 年 27 考，地方卷 58 考。

考查方向

高考命题的热点：一是带电粒子在有界匀强磁场中的运动；二是带电粒子在组合场中的运动。

明智备考

1. 重视基础知识。加强对磁场性质、洛伦兹力、带电粒子在匀强磁场中的匀速圆周运动等基本概念和规律的复习和训练。

2. 勤练解题技能。作图是解决磁场问题的关键点之一，加强带电粒子在匀强磁场中做匀速圆周运动的作图训练，培养数形结合能力，运用动态放缩圆、定点旋转圆、平移圆、对称圆等几何知识解决带电粒子在有界磁场中的运动及临界、多解问题。

3. 关注科技前沿。了解本部分知识在科技、生活、生产中的应用，理论联系实际，提高应用所学知识解决综合问题的能力。

1. 如图所示，正八边形区域内有垂直于纸面的匀强磁场。一带电的粒子从 h 点沿 he 图示方向射入磁场区域，当速度大小为 v_b 时，从 b 点离开磁场，在磁场中运动的时间为 t_b。当速度大小为 v_d 时，从 d 点离开磁场，在磁场中运动的时间为 t_d，不计粒子重力。则下列正确的说法是（　　）。

   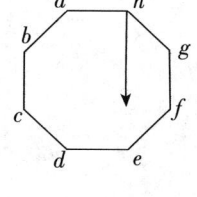

   A. $t_b : t_d = 2 : 1$

   B. $t_b : t_d = 1 : 2$

   C. $t_b : t_d = 3 : 1$

   D. $t_b : t_d = 1 : 3$

2. 如图所示，圆形区域内有垂直于纸面向里的匀强磁场，一个带电粒子以速度 v 从 A 点沿直径 AOB 方向射入磁场，经过 Δt 时间从 C 点射出磁场，OC 与 OB 成 60°角。现将带电粒子的速度变为 $\dfrac{v}{3}$，仍从 A 点沿原方向射入磁场，不计重力，则粒子在磁场中的运动时间变为（　　）。

   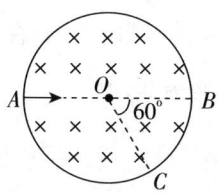

   A. $2\Delta t$ B. $\dfrac{1}{2}\Delta t$

   C. $3\Delta t$ D. $\dfrac{1}{3}\Delta t$

3. 如图所示，直线 MN 上方有垂直纸面向里的匀强磁场，电子 1 从磁场边界上的 a 点垂直 MN 和磁场方向射入磁场，

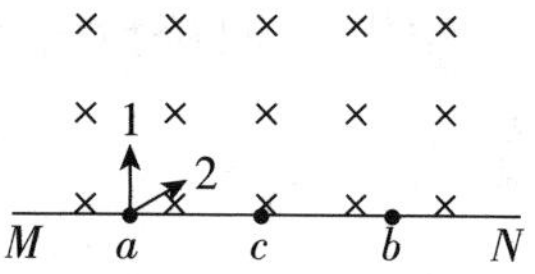

经 t_1 时间从 b 点离开磁场。之后电子 2 也由 a 点沿图示方向以相同速率垂直磁场方向射入磁场，经 t_2 时间从 a、b 连线的中点 c 离开磁场，则 $\dfrac{t_1}{t_2}$ 为（　　）。

A. $\dfrac{2}{3}$　　　　B. 2　　　　C. $\dfrac{3}{2}$　　　　D. 3

4. 如图所示，在 xoy 平面内第 I 象限 y 轴和虚线 $y=\dfrac{\sqrt{3}}{3}x$ 之间存在范围足够大的匀强磁场（y 轴、虚线边界有磁场），方向垂直纸面向外，磁感应强度大小为 B，在 $A(0, l)$ 处有一个粒子源，可沿平面内各个方向射出质量为 m、电量为 q 的带正电的粒子，粒子速率均为 $\dfrac{\sqrt{3}qBl}{2m}$，不计粒子间的相互作用力与重力，且让粒子从 x 正半轴射出，则粒子在磁场中运动的最短时间与最长时间之比为（　　）。

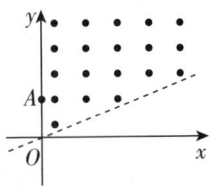

A. $\dfrac{1}{3}$　　　　B. $\dfrac{2}{3}$　　　　C. $\dfrac{1}{5}$　　　　D. $\dfrac{2}{9}$

5. 如图甲所示，M、N 为竖直放置彼此平行的两块平板，板间距离为 d，两板中央各有一个小孔 O、O' 正对，在两板间有垂直于纸面方向的磁场，磁感应强度随时间的变化如图乙所示。有一群正离子在 $t=0$ 时垂直于 M 板从小孔 O 射入磁场。已知正离子质量为 m、带电荷量为 q，正离子在磁场中做匀速圆周运动的周期与磁感应强度变化的周期都为 T_0，不考虑由于磁场变化而产生的电场的影响，不计离子所受重力。求：

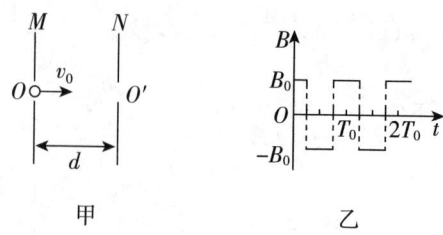

甲　　　　　乙

(1) 磁感应强度 B_0 的大小。

(2) 要使正离子从 O' 垂直于 N 板射出磁场，正离子射入磁场时的速度 v_0 的可能值。

6. 如图，在直角三角形 abc 区域内有磁感应强度为 B、方向垂直纸面向里的匀强磁场。直角边 ab 上的 o 点有一粒子发射源，该发射源可以沿纸面与 ab 边垂直的方向发射速率不同的带电粒子。已知所有粒子在磁场中的运动时间均相同，粒子比荷为 k，oa 长为 d；ob 长为 $3d$，$\theta = 30°$，不计粒子的重力以及粒子间的相互作用，则（　　）。

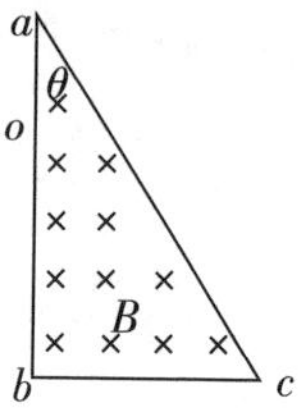

A. 粒子在磁场中的运动时间为 $\dfrac{\pi}{6kB}$

B. 正电粒子的轨迹半径最大为 $\dfrac{d}{3}$

C. 负电粒子的轨迹半径最大为 $\dfrac{3d}{2}$

D. 负电粒子运动的最大速度为 kBd

7. 如图，空间存在方向垂直于纸面（xoy 平面）向里的磁场。在 $x \geq 0$ 区域，磁感应强度的大小为 B_0；$x<0$ 区域，磁感应强度的大小为 λB_0（常数 $\lambda > 1$）。一质量为 m、电荷量为 q（$q>0$）的带电粒子以速度 v_0 从坐标原点 O 沿 x 轴正向射入磁场，此时开始计时，当粒子的速度方向再次沿 x 轴正向时，求（不计重力）：

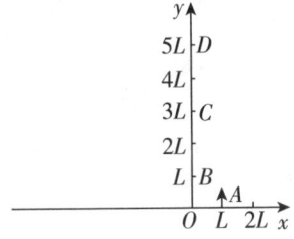

(1) 粒子运动的时间；

(2) 粒子与 O 点间的距离。

8. 在平面直角坐标系 xoy 中，第 I 象限内存在垂直于坐标平面向里的匀强磁场，在 $A(L, 0)$ 点有一粒子源，沿 y 轴正向发射出速率分别为 v、$5v$、$9v$ 的同种带电粒子，粒子质量为 m，电荷量为 q。在 $B(0, L)$、$C(0, 3L)$、$D(0, 5L)$ 各放一个粒子接收器，B 点的接收器只能吸收来自 y 轴右侧到达该点的粒子，C、D 两点的接收器可以吸收沿任意方向到达该点的粒子。已知速率为 v 的粒子恰好到达 B 点并被吸收，不计粒子重力。

(1) 求第 I 象限内磁场的磁感应强度 B_1；

(2) 计算说明速率为 $5v$、$9v$ 的粒子能否被吸收；

(3) 若在第 II 象限内加上垂直于坐标平面的匀强磁场，使所有粒子均到达接收器，求所加磁场的磁感应强度 B_2 的大小和方向。

9. 如图所示，空间充满了磁感应强度为 B 的匀强磁场，其方向垂直纸面向里。在平面内固定放置一绝缘材料制成的边长为 L 的刚性等边三角形框架 $\triangle DEF$，DE 边中点 S 处有一带正电的粒子，电量为 q，质量为 m。现给粒子一个垂直于 DE 边向下的速度，若粒子每一次与三角形框架碰撞时速度方向垂直于被碰的边，且碰撞均为弹性碰撞，当速度的大小取某些特殊数值时可使由 S 点发出的粒子最终又回到 S 点。

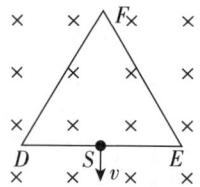

(1) 若粒子只与三角形框架碰撞两次就回到 S 点，求粒子的速度大小。

(2) 若 S 点不在 DE 边的中点，而是距 D 点的距离 $DS = \dfrac{L}{4}$，仍然使粒子能回到 S 点，求满足条件的粒子的速度大小。

"电磁感应规律及应用"专项训练

命题热度

本章属于热点难点内容，10年以来，从命题频次上看，全国卷10年34考，地方卷56考。

考查方向

本章知识不仅是高考必考点，而且考查呈现多样性，不仅在选择题中，对基本内容如楞次定律、法拉第电磁感应定律、安培定则、感应电动势等知识进行考查，而且在选择题和计算题中针对感应电动势问题中的图像问题、与闭合电路欧姆定律相结合的电路问题、与动力学和功能关系相结合的问题等综合应用问题都是常考点；常考的模型有"杆—轨""线框模型"等。

明智备考

复习中要注意：熟练掌握感应电流的产生条件、感应电流方向的判断、感应电动势的计算；掌握法拉第电磁感应定律及楞次定律与电路相结合问题，与力和运动相结合问题，与动量守恒、能量守恒相结合的综合问题的分析求解方法。对一些典型模型如"杆—轨"类问题、线框穿越有界磁场的问题、电磁感应图像的问题等要分析理解透彻，弄清它们的动力学特点和功能关系。

1. 在磁感应强度为 B，方向竖直向下的匀强磁场中，放置一个面积为 S 的线框。图中实线和虚线是线框逆时针方向转动的前后两个位置，它们和水平方向的夹角都是 θ。则线框从"1"位置转到"2"位置，穿过线框平面的磁通量变化的大小是（　　）。

   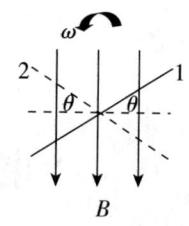

   A. 0
   B. $2BS$
   C. $2BS\cos\theta$
   D. $2BS\sin\theta$

2. 如图，分别使一根小磁棒和假设只有 N 极的粒子，穿过两个竖立的用高温的超导材料制成的同样的线圈。当从左向右观察时，两线圈中的感应电流的方向（　　）。

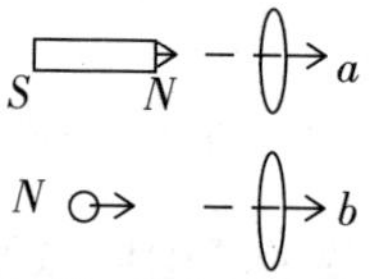

   A. 都是先沿逆时针方向，后沿顺时针方向
   B. 都是先沿顺时针方向，后沿逆时针方向
   C. 磁棒穿过 a 线圈前后电流方向会发生变化，b 线圈中粒子穿过前后电流方向不变
   D. 磁棒和粒子穿过线圈前后，a、b 电流方向都不变

3. 如图，在两根平行长直导线 M、N 中，通以同方向同强度的电流，导线框 $ABCD$ 和两导线在同一平面内。线框沿着与两导线垂直的方向，自右向左在两导线间匀速移动的过程中，线框中感应电流的方向（　　）。

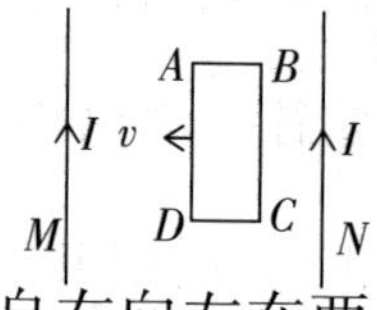

A. 沿 ABCDA，不变

B. 沿 ADCBA，不变

C. 由 ABCDA 变为 ADCBA

D. 由 ADCBA 变为 ABCDA

4. 如图，在同一个铁芯上绕着两组线圈 a 和 b，分别与电池及电阻相连。当电键从接线柱"1"扳到接线柱"2"的过程中，电阻的电流方向（   ）。

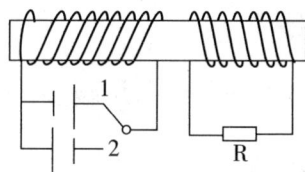

A. 先向右再向左   B. 先向左再向右

C. 一直向左   D. 一直向右

5. 一无限长直导线通有电流 I，有一矩形线圈与其共面。如图，当电流 I 减小时，矩形线圈将（   ）。

A. 向左平动   B. 向右平动   C. 静止不动   D. 发生转动

6. 位于载流长直导线近旁的两根平行铁轨 A 和 B，与长直导线平行且在同一水平面上；在铁轨 A、B 上套有两段可以自由滑动的导体 CD 和 EF。若用力使导体 EF 向右运动，则导体 CD 将（   ）。

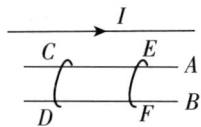

A. 保持不动

B. 向右平动

C. 向左运动

D. 先向右运动,再向左运动

7. 在水平面上有一固定的 U 形架,金属框架上置一金属杆 ab。在垂直纸面方向(水平面方向)有一匀强磁场。则( )。

   A. 磁场方向垂直纸面向外并增长时,
      杆 ab 将向右移动

   B. 磁场方向垂直纸面向外并减少时,
      杆 ab 将向右移动

   C. 磁场方向垂直纸面向里并增长时,杆 ab 将向右移动

   D. 磁场方向垂直纸面向里并减少时,杆 ab 将向右移动

8. 两个矩形线圈甲、乙在同一平面内,它们的 ab 边和 cd 边相互平行且靠得较近。甲线圈的左侧和乙线圈的右侧分别处于两个匀强磁场中,磁感应强度分别为 B_1、B_2,方向垂直线圈平面向里。当 ab 和 cd 间发生排斥作用时,对两磁场变化情况判断正确的是( )。

   A. B_1 增强,B_2 减弱   B. B_1 增强,B_2 增强

C. B_1 减弱，B_2 减弱 D. B_1 减弱，B_2 增强

9. 如图，在矩形边界 abcd 内有一个垂直于纸面的匀强磁场，边界内的矩形框Ⅰ与边界外的固定线框Ⅱ处在同一平面内。当线框Ⅰ向右匀速平动离开磁场而靠近线框Ⅱ时，线框Ⅰ中产生的感应电流方向如图，则下列判断正确的是（   ）。

A. 线框Ⅰ中产生的感应电流为逆时针方向

B. 由题设可确定 abcd 内磁场的方向

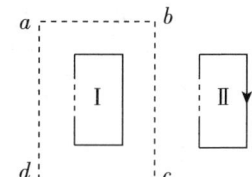

C. 可确定线框Ⅰ受到线框Ⅱ对它的安培力方向

D. 条件不足，上述三个方向都无法确定

10. 如图，为地磁场磁感线示意图，在北半球地磁场的竖直分量向下。飞机在我国上空匀速巡航，机翼保持水平，飞行高度不变。由于地磁场的作用，金属机翼上有电势差。设飞行员左方机翼末端的电势为 U_1，右方机翼末端的电势为 U_2。则（   ）。

A. 若飞机从西向东飞，U_1 比 U_2 高

B. 若飞机从东向西飞，U_2 比 U_1 高

C. 若飞机从南向北飞，U_1 比 U_2 高

D. 若飞机从北向南飞，U_2 比 U_1 高

11. 如图，两个用相同导线制成的开口圆环，大环半径为小环半径的 2 倍；现用电阻不计的导线将两环连在一起。当把大环放在一个均匀变化的磁场中，小环处于磁场外时，测得 a、b 两点间电压为 U_1；当把小环放在这个磁场中，大环处于磁场外时，测得 a、b 两点间电压为 U_2。则（　　）。

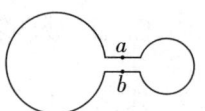

A. $U_1 = U_2$　　　　　　　　B. $U_1 = 2U_2$

C. $U_1 = 4U_2$　　　　　　　　D. $U_1 = \dfrac{1}{4}U_2$

12. 如图，通有恒定电流的螺线管竖直放置，铜环 R 沿螺线管的轴线加速下落。在下落过程中，环面始终保持水平。铜环先后经过轴线上 1、2、3 位置时的加速度分别为 a_1、a_2、a_3，位置 2 处于螺线管的中心，位置 1、3 与位置 2 等距离，则（　　）。

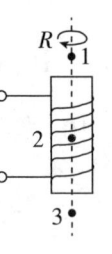

A. $a_1 < a_2 = g$　　　　　　　B. $a_3 < a_1 < g$

C. $a_1 = a_3 < a_2$　　　　　　D. $a_3 < a_1 < a_2$

13. 如图，虚线框 $abcd$ 内为一矩形匀强磁场区域，$ab = 2bc$，磁场方向垂直于纸面；实线框 $a'b'c'd'$ 是一个长方形导线框，$a'b'$ 边与 ab 边平行。若将导线框匀速地拉离磁场区域，以 W_1 表示沿平行于 ab 的方向拉出过程中外力所做的功，W_2 表示以同样的速率沿平行于 bc 的方向拉出过程中外力所

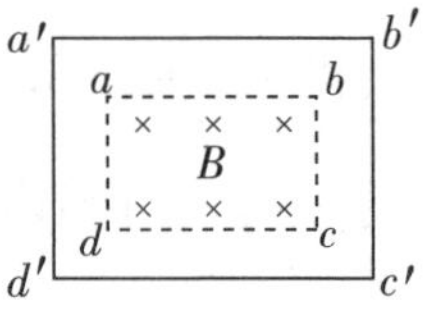

做的功。则( )。

A. $W_1 = W_2$ B. $W_2 = 2W_1$

C. $W_1 = 2W_2$ D. $W_2 = 4W_1$

14. 如图，A 是一边长为 L 的方形线框，电阻为 R。今维持线框以恒定的速度 v 沿 x 轴运动，并穿过图中所示的匀强磁场 B 区域。若以 x 轴正方向作为力的正方向，线框在图示位置的时刻作为时间的零点。则磁场对线框的作用力 F 随时间 t 的变化图线为下图中的( )。

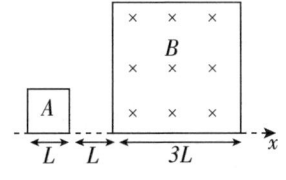

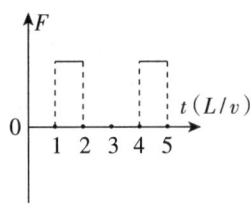

A

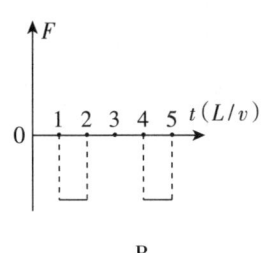

B

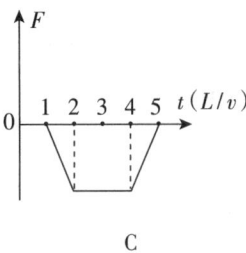

C

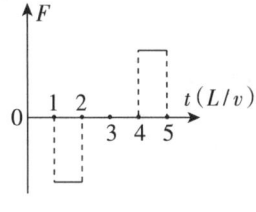

D

15. 一个圆形闭合线圈固定在垂直于纸面的匀强磁场中，线圈平面与磁场方向垂直，如图甲所示。设垂直于纸面向

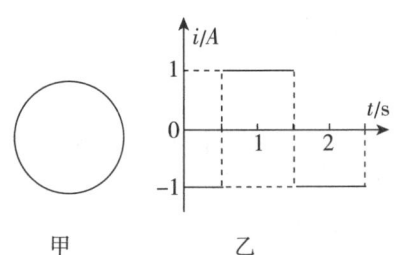

里的磁感应强度方向为正，线圈中顺时针电流方向为正向。已知圆形线圈中感应电流 I 随时间变化的图像如图乙所示，则线圈所在处的磁感应强度的变化图像可能是图丙中的(　　)。

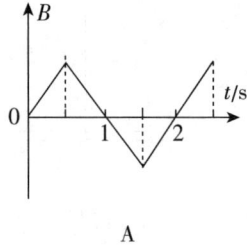

A

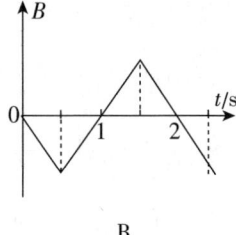

B

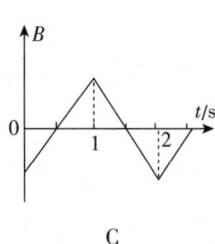

C

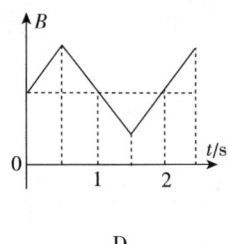

D

丙

16. 如图甲所示，一有界区域内存在着磁感应强度大小均为 B、方向分别垂直于光滑水平桌面向下和向上的匀强磁场，磁场宽度均为 L，边长为 L 的正方形线框 $abcd$ 的 bc 边紧靠磁场边缘置于桌面上；使线框从静止开始沿 x 轴正方向匀加速通过磁场区域。若以逆时针方向为电流的正方向，能反映线框中感应电流变化规律的是图乙中（　　）。

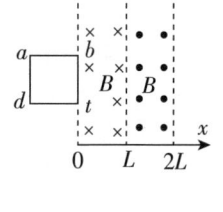

甲

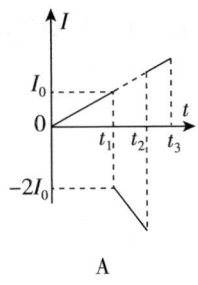
A

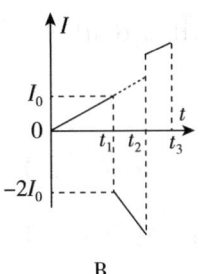
B

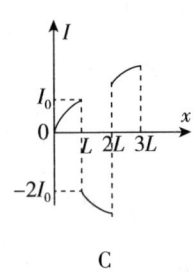
C

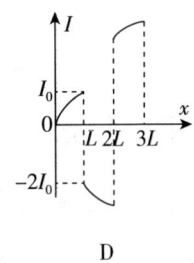
D

乙

17. 如图，L₁、L₂ 是相同的两个小灯泡，L 是一个自感系数很大的线圈。闭合 S，调整 R，两灯正常发光时亮度相同。现突然打开 S，下列判断正确的是（　　）。

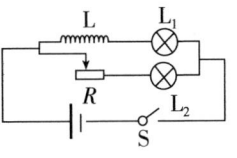

A. L₁ 灯延续一段时间再熄灭，L₂ 灯立即熄灭

B. L₁、L₂ 两灯都会瞬时发一下强光后再熄灭

C. 打开 S 后的短时间内，通过 L₁ 灯的电流方向与原来相同，通过 L₂ 灯的电流方向与原来相反

D. 打开 S 后的短时间内，通过 L₁ 灯的电流方向与原来相反，通过 L₂ 灯的电流方向与原来相同

18. 如图，L₁、L₂ 是两个相同的小灯泡，L 是一个自感系数较大的线圈，其导线电

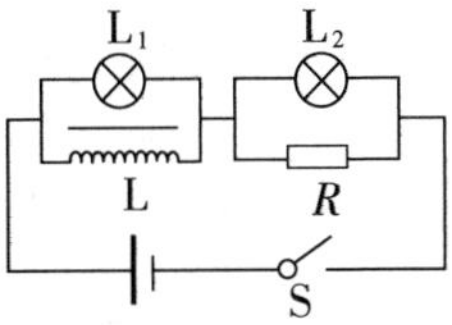

阻与 R 相同。当电键 S 接通和断开时，下列判断正确的是（　　）。

A. 接通时，L_1 先达最亮；断开时，L_1 先熄灭

B. 接通时，L_2 先达最亮；断开时，L_2 先熄灭

C. 接通时，L_1 先达最亮；断开时，L_1 后熄灭

D. 接通时，L_2 先达最亮；断开时，L_2 后熄灭

19. 如图，L 是一个自感系数很大的有铁芯的线圈，两端连有电压表；电源电动势为 E，电键 S 闭合。下列说法中正确的是（　　）。

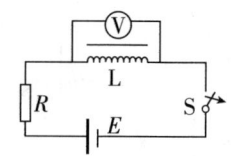

A. 打开电键前，应先拆下电压表

B. 打开电键时，电键的动静触点间的电压等于 E

C. 打开电键时，电键的动静触点间的电压甚大于 E

D. 打开电键前，不必先拆下电压表

20. 如图，多匝线圈的电阻和电池的内阻可以忽略，两个电阻器的阻值都是 R，电键 S 原来打开着，电流 $I_0 = \dfrac{E}{2R}$。今合下电键将一个电阻器短路，于是线圈中有自感电动势产生。这自感电动势（　　）。

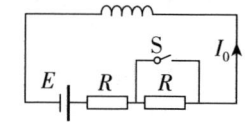

A. 有阻碍电流的作用，最后电流由 I_0 减小为零

B. 有阻碍电流的作用，最后总小于 I_0

C. 有阻碍电流增大的作用，因而电流保持为 I_0 不变

D. 有阻碍电流增大的作用，但电流最后还是要增大到 $2I_0$

21. 光滑曲面与竖直平面的交线是抛物线，抛物线的方程是 $y=x^2$，下半部分处在一个水平方向的匀强磁场中，磁场的上边界是 $y=a$ 的直线（图中的虚线所示）。一个小金属块从抛物线上 $y=b$（$b>a$）处以初速度 v 沿抛物线下滑。假设抛物线足够长，金属块沿抛物线下滑后产生的热总量（焦耳）是（　　）。

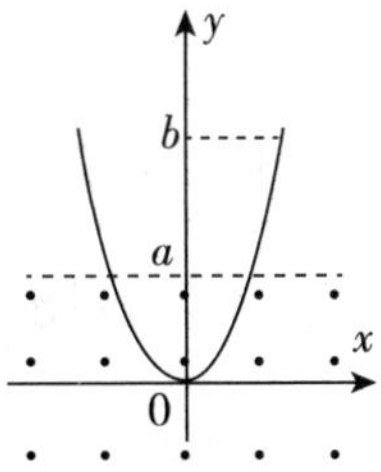

    A. mgb
    B. $\frac{1}{2}mv^2$

    C. $mg(b-a)$
    D. $mg(b-a)+\frac{1}{2}mv^2$

22. 在磁感应强度 $B=0.4$ T 的匀强磁场中放一个半径 $r=50$ cm 的圆形导轨，上面搁有互相垂直的两根导体棒，一起以 $\omega=10^3$ rad/s 的角速度逆时针方向匀速转动。圆形导轨边缘和两棒中央通过电刷与外电路连接。若每半根导体棒的有效电阻 $R_0=0.4$ Ω，外接电阻 $R=3.9$ Ω。（不计导轨电阻，并且 Ⓐ 和 Ⓥ 都为理想电表）求：

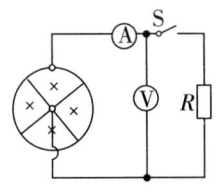

（1）每半根导体棒产生的感应电动势；

(2) 当电键 S 接通和断开时两电表的示数。

23. 如图所示，半径为 a 的圆形区域内有匀强磁场，磁感应强度 $B = 0.2$ T，磁场方向垂直纸面向里，半径为 b 的金属圆环与磁场 B 同心放置，磁场与环面垂直；其中 $a = 0.4$ m，$b = 0.6$ m。金属环上分别接有灯 L_1、L_2，两灯的电阻均为 $R_0 = 2$ Ω。一金属棒 MN 与金属环接触良好，棒与环的电阻均不计。

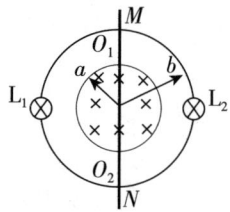

(1) 若棒以 $v_0 = 5$ m/s 的速率在环上向右匀速滑动，求棒滑过圆环直径 O_1O_2 的瞬间，MN 中的电动势和流过灯 L_1 的电流。

(2) 撤去中间的金属棒 MN，将右边的半圆环 $O_1L_2O_2$ 以 O_1O_2 为轴向上翻转 90^0，若此后磁场随时间均匀变化，其变化率为 $\dfrac{\Delta B}{\Delta t} = \dfrac{4}{\pi}$ T/s，求 L_1 的功率。

24. 如图所示，竖直向上的匀强磁场在初始时刻的磁感应强度 $B_0 = 0.5$ T，并且以 $\dfrac{\Delta B}{\Delta t} = 1$ T/s 在

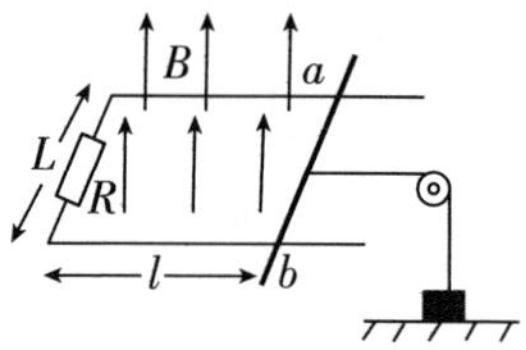

增加；水平导轨的电阻和摩擦阻力均不计，导轨宽为 $L=0.5$ m，左端所接电阻 $R=0.4$ Ω；在导轨上 $l=1.0$ m 处的右端搁一金属棒 ab，其电阻 $R_0=0.1$ Ω，并用水平细绳通过定滑轮吊着质量为 $M=2$ kg 的重物；$g=10$ m/s²。欲将重物吊起，试问：

(1) 感应电流的方向及大小；

(2) 经过多长时间，能吊起重物？

25. 如图，固定于水平桌面上的金属框架 $cdef$，处在竖直向下的匀强磁场中，金属棒 ab 搁在框架上，可无摩擦滑动；此时 $abed$ 构成一个边长为 l 的正方形，棒的电阻为 r，其余部分电阻不计，开始时磁感应强度为 B_0。

(1) 若从 $t=0$ 时刻起，磁感应强度均匀增加，每秒增量为 k，同时保持棒静止。求棒中的感应电流，并标出方向。

(2) 在上述 (1) 的情况中，始终保持棒静止。当 $t=t_1$ 末时需施加的垂直棒的水平拉力为多大？

(3) 若从 $t=0$ 时刻起，磁感应强度逐渐减小；当棒以恒定的速度 v 向右做匀速运动时，可使棒中不产生感应电流，则磁感应强度应怎样随时间变化？

26. 如图，平行的光滑金属导轨 EF 和 GH 相距 l，处在同一竖直平面内，EG 间接有阻值 R 的电阻。轻质金属杆 ab 长为 2l，紧贴导轨竖直放置，离 b 端 $\frac{l}{2}$ 处固定有质量为 m 的小球。整个装置处于磁感应强度为 B 并与导轨平面垂直的匀强磁场中；当 ab 杆由静止开始紧贴导轨绕 b 端向右倒下至水平位置时，小球的速度为 v。若导轨足够长，导轨及金属杆电阻不计。试求在此过程中：

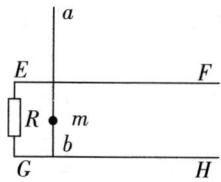

（1）通过 R 的电量；

（2）R 中的最大电流强度。

27. 如图所示，竖直平面内有一半径为 r、内阻为 R_1、粗细均匀的光滑半圆形金属环，在 M、N 处与相距为 2r、电阻不计的平行光滑金属轨道 ME、NF 相接，EF 之间接有电阻 R_2，已知 $R_1 = 12R$，$R_2 = 4R$。在 MN 上方及 CD 下方有水平方向的匀强磁场Ⅰ和Ⅱ，磁感应强度大小均为 B。现有质量为 m、电阻不计的导体棒 ab，从半圆环的最高点 A 处由静止下落，在下落过程中导体棒始终保持水平，与半圆形金属环及轨道接触良好，两平行轨道足够长。已知导体棒 ab

下落 $\dfrac{r}{2}$ 时的速度大小为 v_1，下落到 MN 处的速度大小为 v_2。重力加速度为 g。

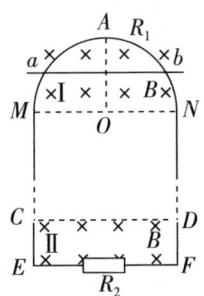

(1) 求导体棒 ab 从 A 下落 $\dfrac{r}{2}$ 时的加速度大小。

(2) 若导体棒 ab 进入磁场 II 后棒中电流大小始终不变，求磁场 I 和 II 之间的距离 h 和 R_2 上的电功率 P_2。

(3) 若将磁场 II 的 CD 边界略微下移，导体棒 ab 刚进入磁场 II 时的速度大小为 v_3；要使其在外力 F 作用下做匀加速直线运动，加速度的大小为 a。求所加外力 F 随时间变化的函数关系式。

高三总复习阶段测试模拟试题（一）

命题热度

1. "运动的描述 匀变速直线运动的研究"属于基础热点内容，10年以来，从命题频次上看，全国卷10年16考，地方卷28考。

2. "相互作用"属于基础热点内容，10年以来，从命题频次上看，全国卷10年14考，地方卷29考。

3. "牛顿运动定律"属于基础热点内容，10年以来，从命题频次上看，全国卷10年26考，地方卷42考。

考查方向

1. "运动的描述 匀变速直线运动的研究"：高考命题重点考查运动图像和实验数据的处理。高考命题主要从匀变速直线运动规律的应用能力、应用图像分析物体运动规律的能力，以及在多过程问题中的应用能力等方面进行命题。

2. "相互作用"属于基础热点内容，单独命题时突出以轻绳、杆、弹簧为模型，以连接体、叠加体为载体，结合实际生活进行受力分析，设计平衡问题而且以动态平衡为重点，也常与电场和磁场相结合进行考查，多以选择题形式出现。

3．"牛顿运动定律"高考命题突出考查对牛顿运动定律的理解和应用。一方面单独考查动力学的基本问题；另一方面与电磁学内容结合考查学生的处理综合问题的能力。其中应用整体法和隔离法处理问题、牛顿第二定律与综合问题以及动力学图像问题等都是高考考查的热点。

明智备考

1．"运动的描述 匀变速直线运动的研究"——作为基础章节，要熟练掌握以下 5 点：

（1）匀变速直线运动公式的灵活运用；

（2）根据图像分析物体的运动情况，根据题目画出或选择图像；

（3）自由落体运动和竖直上抛运动；

（4）匀变速直线运动的两个推论和初速度为零的匀加速直线运动的比例关系；

（5）实验基础数据处理方法。

2．"相互作用"部分是高中物理的重要基础，包含许多思想方法，它的应用几乎贯穿整个高中物理，所以一定要重视对该部分知识的学习和掌握。

（1）在备考过程中要理解力和力的运算法则，会正确受力分析，理解并熟练应用力的平衡的各种表达形式解决具体问题，

并形成解决物理问题的基本思路；

（2）在连接体问题和动态平衡问题中体会优选研究对象（整体和隔离）的便捷，在处理物体受不同个数的力的平衡问题中体会优选平衡条件的合适形式解决问题的便捷；

（3）体会临界极值法、函数法、图像法、整体法、隔离法等解题方法，多联系生活中的平衡现象，提高应用物理知识解决实际问题的能力。

3."牛顿运动定律"部分是高中物理的主干知识，备考时要做到：

（1）夯实基础：透彻理解基本概念和基本规律，知道概念的建立过程，知道公式的来龙去脉和相互联系，总结基本方法，抓住"两个分析"和"一个桥梁"，"两个分析"是指"受力分析"和"运动分析"，"一个桥梁"是指"加速度是联系运动和受力的桥梁"，综合应用牛顿运动定律和运动学公式解决问题。

（2）素养提升：牢牢把握受力分析和运动分析的主线，在训练中体会"万变不离其宗"的思考方向，体会透过情境看本质的建模过程，充分利用图像、示意图展示过程，注意拆分复杂过程，注重规范思维过程和语言表达，解题过程中要注意分类总结，准确把握思考方向。掌握常考的模型如板块模型、连接体模型、弹簧模型、传送带模型等。

高三总复习阶段测试模拟试题（二）

试卷满分：100 分　考试时间：90 分钟　命题范围：必修第一册

第Ⅰ卷（选择题 共 56 分）

一、单选题（共 8 小题，每小题 4 分，共 32 分。在每小题给出的四个选项中，只有一项是符合要求的。）

1. 学习物理除了知识的学习外，更重要的是领悟并掌握处理物理问题的思想与方法，下列关于思想与方法的说法中错误的是（　　）。

    A. 根据速度定义式 $v=\dfrac{\Delta x}{\Delta t}$，当 Δt 非常小时，$\dfrac{\Delta x}{\Delta t}$ 就可以表示物体在 t 时刻的瞬时速度，该定义应用了极限思想方法

    B. 在不需要考虑物体本身大小和形状时，用质点来代替物体的方法叫假设法

    C. 加速度定义式 $a=\dfrac{\Delta v}{\Delta t}$，该定义应用了比值定义法

    D. 在推导匀变速直线运动位移公式时，把整个运动过程划分成很多小段，每一小段近似看作匀速直线运动，然后把各小段的位移相加，这里采用了微元法

2. 如图所示，某物体由 A 点静止释放做自由落体运动，从释放到落地的轨迹 AE 刚好被分成长度相等的四段。下列说法正确的是（   ）。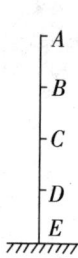

   A. 物体到达各点的速率之比 $v_B : v_C : v_D : v_E = 1 : 2 : 3 : 4$

   B. 物体通过每一段的速度增量 $v_B - v_A = v_C - v_B = v_D - v_C = v_E - v_D$

   C. 物体从 A 到 E 的平均速度等于其经过 B 点的瞬时速度 v_B

   D. 物体从 A 到 B 的时间是从 B 到 C 的时间的两倍

3. 如图所示为两个物体 A 和 B 在同一直线上沿同一方向同时开始运动的 v–t 图线，已知在第 3 s 末两个物体在途中相遇，则（   ）。

   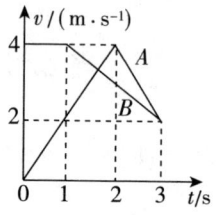

   A. A、B 两物体是从同一地点出发

   B. 3 s 内物体 A 的平均速度比物体 B 的大

   C. A、B 两物体在减速阶段的加速度大小之比为 3∶1

   D. $t = 1$ s 时，两物体第一次相遇

4. 我国"蛟龙号"深潜器曾创造了载人潜水器新的世界纪录，这预示着它可以征服全球 99.8% 的海底世界。假设在某次

试验时，深潜器内的显示屏上显示出了从水面开始下潜到最后返回水面 10 min 内全过程的深度曲线（如图甲）和速度图像（如图乙），则关于此次下潜全过程，下列说法错误的是（   ）。

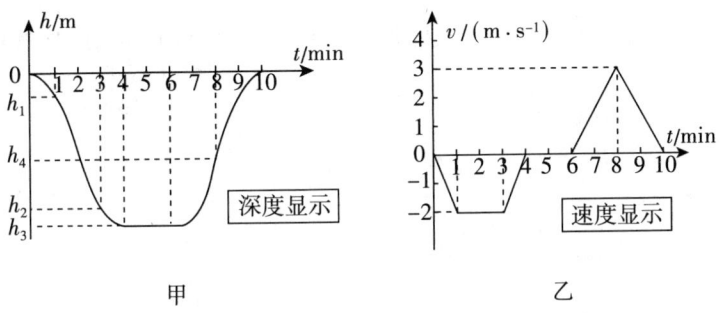

甲　　　　　　　　　乙

A. 此次下潜在最深处停留了 2 min

B. 此次下潜深度为 360 m

C. 全过程中最大加速度的大小是 0.025 m/s²

D. 潜水器在 3 min~4 min 和 6 min~8 min 的时间内加速度方向相同

5. 如图，平板重 $G_0 = 300$ N，不计质量的滑轮和细绳之间接触光滑。要使整个装置在空中静止，则物块 P 所受重力的最小值 G_P 是（   ）。

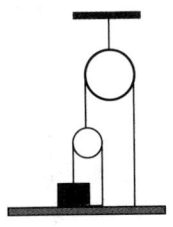

A. 300 N　　　B. 200 N　　　C. 150 N　　　D. 100 N

6. 如图（a）所示，两段等长轻质细线将质量分别为 m、$2m$ 的小球 A、B（均可视为质点）悬挂在 O 点，小球 A 受到水平向右的恒力 F_1 的作用，小球 B 受到水平向左的恒力 F_2 的作用，当系统处于静止状态时，出现了如图（b）所示的状态，小球 B 刚好位于 O 点正下方。则 F_1 与 F_2 的大小关系正确的是（ ）。

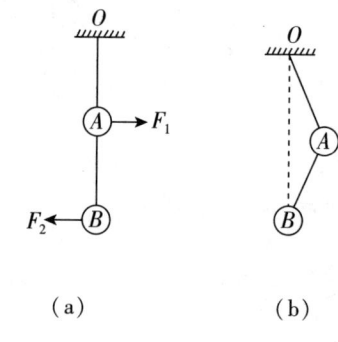

A. $F_1 = 4F_2$ B. $F_1 = 3F_2$

C. $2F_1 = 3F_2$ D. $2F_1 = 5F_2$

7. 如图，轻弹簧的下端固定在水平桌面上，上端放有物块 P，系统处于静止状态。现用一竖直向上的力 F 作用在 P 上，使其向上做匀加速直线运动。以 x 表示 P 离开静止位置的位移，在弹簧恢复原长前，下列表示 F 和 x 之间关系的图像可能正确的是（ ）。

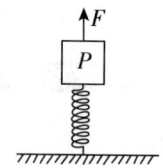

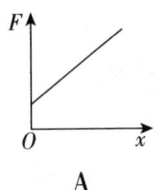 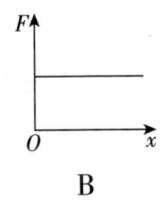 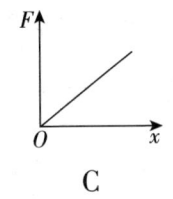 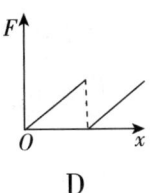

  A   B   C   D

8. 如图所示，倾斜索道与水平面夹角为37°，当载人车厢沿钢索运动时，车厢里质量为 m 的人对厢底的压力为其重量的1.25倍，已知重力加速度为 g，下列说法正确的是（   ）。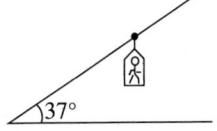

   A. 载人车厢一定沿斜索道向上运动

   B. 人对厢底的摩擦力方向向右

   C. 车厢运动的加速度大小为 $\dfrac{g}{4}$

   D. 车厢对人的摩擦力大小为 $\dfrac{1}{3}mg$

二、**多选题**（本大题共6小题，每小题4分，共24分。在每小题给出的四个选项中，有多项符合题目要求。全部选对的得4分，选对但不全的得2分，有错选的得0分。）

9. 从固定斜面上的 O 点每隔0.1s由静止释放一个同样的小球，释放后小球做匀加速直线运动。某一时刻，拍下小球在斜面滚动的照片，如图所示，测得小球相邻位置间的距离 x_{AB} = 3.5 cm，x_{BC} = 6.5 cm。已知 O 点距离斜面底端的长度为 l = 45cm，由以上数据可以得出（已知 $\sqrt{0.3} \approx 0.548$）（   ）。

A. 小球在 A 点的速度为 0.2 m/s

B. 小球的加速度大小为 4 m/s²

C. 斜面上最多有 6 个小球在滚动

D. 该照片是距位于 A 位置的小球释放后 0.2 s 拍摄的

10. 如图所示，柔软轻绳 ON 的一端 O 固定，其中间某点 M 拴一重物，用手拉住绳的另一端 N。初始时，OM 竖直且 MN 被拉直，OM 与 MN 之间的夹角为 α（α>$\frac{\pi}{2}$）。现将重物向右上方缓慢拉起，并保持夹角 α 不变。在 OM 由竖直被拉到水平的过程中（ ）。

A. MN 上的张力逐渐增大

B. MN 上的张力先增大后减小

C. OM 上的张力逐渐增大

D. OM 上的张力先增大后减小

11. 如图所示，小球 a、b 质量均为 m，用细线相连并悬挂于 O 点。现用一轻质弹簧给小球 a 施加一个拉力 F，使整个装置处于静止状态，且 Oa 与竖直方向的夹角为 θ=45°，已知弹簧的劲度系数为 k，重力加速度为 g，则弹簧形变量不可能为（ ）。

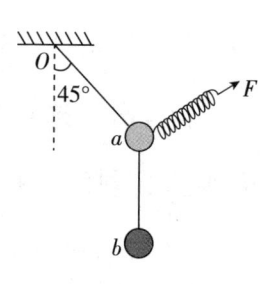

A. $\dfrac{2mg}{k}$

B. $\dfrac{mg}{2k}$

C. $\dfrac{\sqrt{2}\,mg}{k}$

D. $\dfrac{\sqrt{2}\,mg}{2k}$

12. 试卷读卡器的原理可简化成如图所示的模型，搓纸轮与答题卡之间的动摩擦因数为 μ_1，答题卡与

    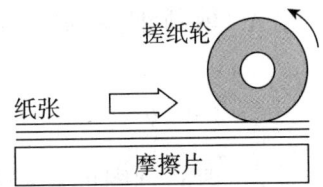

    答题卡之间的动摩擦因数为 μ_2，答题卡与底部摩擦片之间的动摩擦因数为 μ_3，工作时搓纸轮给第 1 张纸压力大小为 F，每张答题卡的质量为 m，正常情况下，读卡器能做到"每次只进一张答题卡"。搓纸轮沿逆时针方向转动，带动第一张答题卡向右运动；已知重力加速度为 g。下列说法正确的是(　　)。

    A. 后一张答题卡受到前一张答题卡的摩擦力向左

    B. 第 5 张纸与第 6 张纸之间的摩擦力大小为 $\mu_2(F+mg)$

    C. 最后一张答题卡受到摩擦片的摩擦力为零

    D. $\mu_1 > \mu_3 \geqslant \mu_2$

13. 如图所示，两个质量分别为 m_1、m_2 的物块 A 和 B 通过一劲度系数为 k 的轻弹簧连接在一起并放置于倾角为 θ 的倾斜传送带上，平行传送带斜面的

    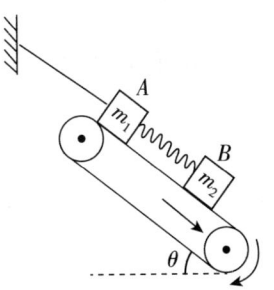

    轻绳一端连接 A，另一端固定在墙上，A、B 与传送带间动

摩擦因数均为 μ，传送带顺时针方向转动，系统达到稳定后，突然剪断轻绳。设弹簧在弹性限度内，重力加速度为 g，则下列说法正确的是（　　）。

A. 剪断细绳前系统稳定时，弹簧的伸长量为 $\Delta x = \dfrac{1}{k} m_2 g (\sin\theta + \mu\cos\theta)$

B. 剪断细绳前系统稳定时，细绳的拉力为 $T = \mu(m_1 + m_2) g \cos\theta$

C. 剪断细绳瞬间 $a_A = \left(1 + \dfrac{m_2}{m_1}\right) g (\sin\theta + \mu\cos\theta)$，$a_B = 0$

D. 剪断细绳瞬间 $a_A = \left(1 + \dfrac{m_2}{m_1}\right) g (\sin\theta + \mu\cos\theta)$，$a_B = g(\sin\theta + \mu\cos\theta)$

14. 一质量为 m 的长木板静止在水平面上，可视为质点的小铁块（质量为 m）以某一初速度 v_0 从左端水平滑上长木板，在铁块向右运动的过程中，木板恰好保持静止。已知铁块与木板之间的动摩擦因数为 μ。设最大静摩擦和滑动摩擦力相等。现把小铁块的质量增大为 $2m$，其他条件不变，已知重力加速度为 g，若铁块恰好没有从木板上掉下来，则（　　）。

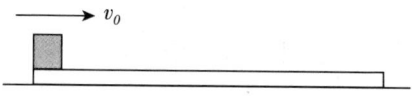

A. 木板与水平面之间的动摩擦因数 0.5μ

B. 铁块与木板发生相对运动的时间是 $\dfrac{2v_0}{3\mu g}$

C. 木板的长度是 $\dfrac{v_0^2}{4\mu g}$

D. 木板运动的总位移是 $\dfrac{4v_0^2}{9\mu g}$

第Ⅱ卷　（非选择题　共44分）

三、实验题（共15分，第15题6分，第16题9分）

15. 在"探究弹簧弹力与形变量关系"的实验中，第一组同学做了如图甲所示的实验。在弹簧两端各系一轻细的绳套，利用一个绳套将弹簧悬挂在铁架台上，另一端的绳套用来悬挂钩码，先测出不挂钩码时弹簧的长度，再将钩码逐个挂在弹簧的下端，每次都测出钩码静止时相应的弹簧总长度 L，再算出弹簧伸长的长度 x，并将数据填在下面的表格中。

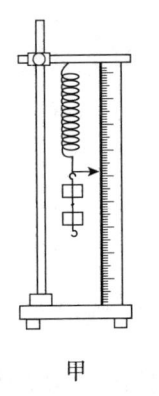

甲

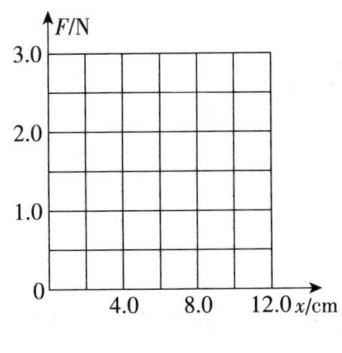

乙

测量次序	1	2	3	4	5	6
弹簧弹力 F/N	0	0.5	1.0	1.5	2.0	2.5
弹簧的总长度 L/cm	13.00	15.05	17.10	19.00	21.00	23.00
弹簧伸长的长度 x/cm	0	2.05	4.10	6.00	8.00	10.00

(1) 在图乙的坐标纸上已经描出了其中 5 次测量的弹簧弹力大小 F 与弹簧伸长的长度 x 对应的数据点，请把第 4 次测量的数据对应点描绘出来，并做出 F-x 图线；

(2) 根据（1）所得的 F-x 图线可求得该弹簧的劲度系数为 _____ N/m（结果保留三位有效数字）；

(3) 第二小组同学将同一弹簧水平放置测出其自然长度，然后竖直悬挂完成实验，他们得到的 F-x 图线用虚线表示（实线为第一组同学实验所得），如图所示的图线最符合实际的是 _____（选填选项字母）。

A. 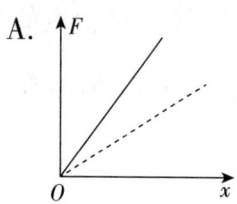 B.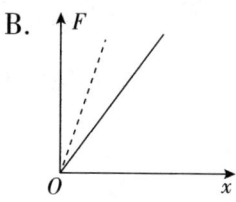

C. 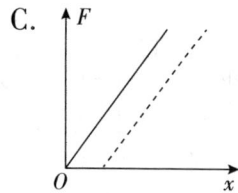 D.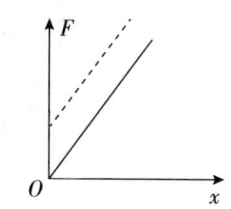

16. 如图甲所示，某实验小组利用验证牛顿第二定律的实验装置测定物块与木板之间的动摩擦因数，实验装置固定连接完毕后，调节木板及物块右侧两段细绳水平，初步试用各个器件工作正常。实验开始时在沙桶中放入适量的细沙，系统开始工作，滑块做加速运动，打出的纸带如图乙所示，已知所用交流电源频率为 50 Hz，重力加速度大小为 g。

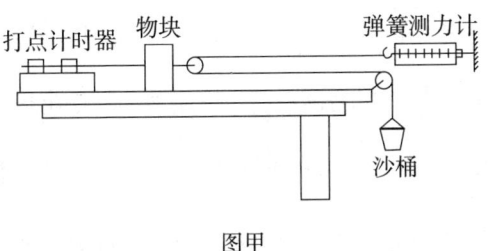

图甲

(1) 除图中所给的实验器材外，以下器材还必须选用的有_____。

  A. 天平   B. 刻度尺

  C. 秒表   D. 干电池

(2) 已读出弹簧测力计的示数为 F，为进一步测量动摩擦因数，下列物理量中还需测量的有_____。

  A. 木板的长度 L B. 物块的质量 m

  C. 沙桶的质量 M D. 物块的运动时间 t

(3) 图乙中给出了实验中获取的纸带的一部分数据，0、1、2、3、4、5 是计数点，每相邻两计数点间还有 4 个打点（图中未标出），计数点间的距离如图所示。则打下计数点 2 时物块对应的速度大小 $v=$ _____ m/s；本次实验物块对应的加速度大小 $a=$ _____ m/s²。

（结果保留三位有效数字）

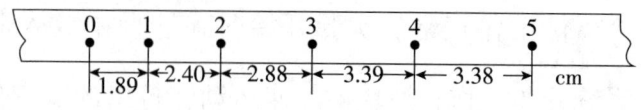

图乙

（4）改变沙桶内细沙的质量，测量出对应的加速度 a 和弹簧测力计的示数 F。若用图像法处理数据，得到了如图丙所示的一条倾斜的直线，如果该图线的横轴截距的大小等于 b，斜率的大小为 k，则动摩擦因数 $\mu=$ _____（用题目中给的 b、k、g 表示）。

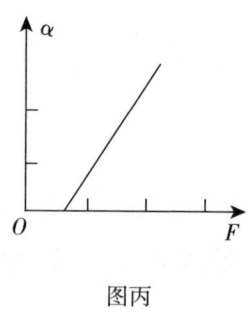

图丙

四、解答题（共29分，第17题14分，第18题15分）

17. 如图所示，质量为 M 的斜劈倾角为 θ，在水平面上保持静止，当将一质量为 m 的木块放在斜面上时正好匀速下滑。如果用与斜面成 α 角的力 F 拉着木块沿斜面匀速上滑。

（1）求拉力 F 的大小；

（2）若 $m=1$ kg，$\theta=15°$，$g=10$ m/s^2，求 F 的最小值以及对应的 α 的取值。

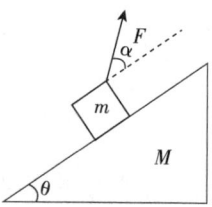

· 274 ·

18. 在大型物流货场,广泛地应用传送带搬运货物。如图甲所示,倾斜的传送带以恒定速率运动,皮带始终是绷紧的,将 $m=1$ kg 的可视为质点的货物放在传送带上的 A 点,经过 1.2 s 到达传送带的 B 点。用速度传感器测得货物与传送带的速度 v 随时间 t 变化的图像如图乙所示,已知重力加速度 $g=10$ m/s²。则:

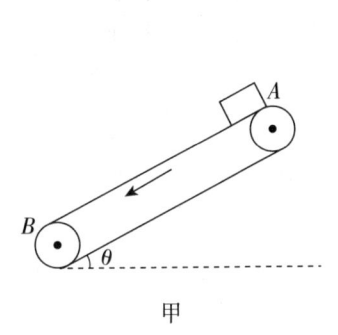

甲

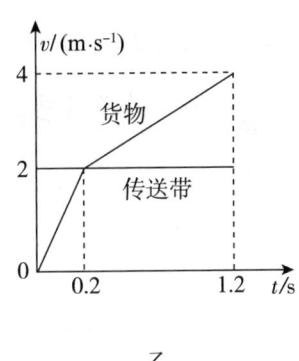

乙

(1) A、B 两点的距离 L 为多少?

(2) 货物与传送带间的动摩擦因数 μ 为多少?

(3) 若 m 涂有碳粉,传送带表面颜色较浅;m 从 A 运动到 B 的过程中,它在传送带表面留下的痕迹有多长?

19. 附加题：如图所示，一质量 $M=2$ kg 的足够长的长木板在光滑的水平面上以 v_0 的速度向右匀速运动。某时刻一质量 $m=1$ kg 的物体无初速度地放在长木板的右端，物体与木板间的动摩擦因数 $\mu=0.5$，$g=10$ m/s^2。

(1) 求物体相对长木板的位移；

(2) 若在物体无初速度地放在长木板右端的同时，对长木板施加一水平向右的恒力 $F=7.5$ N，则在第 1 s 时间内物体的位移多大？

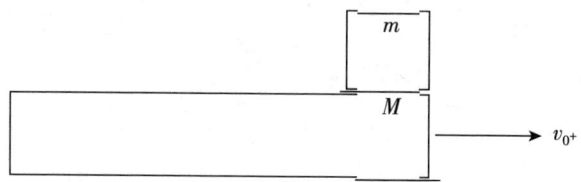